U0591756

中山出版
ZHONGSHAN　PUBLISHING
香山承文脉　好书读百年

社科普及丛书

胡 波 主编

生活的科学和
科学的生活

徐 凡 著

SPM

南方出版传媒

广东人民出版社

·广州·

图书在版编目（CIP）数据

生活的科学和科学的生活 / 徐凡著 . — 广州：广东人民出版社 , 2019.11
（社科普及丛书）
ISBN 978-7-218-13908-1

Ⅰ . ①生… Ⅱ . ①徐… Ⅲ . ①科学知识－普及读物 Ⅳ . ① Z228

中国版本图书馆 CIP 数据核字 (2019) 第 243681 号

SHENGHUO DE KEXUE HE KEXUE DE SHENGHUO
生活的科学和科学的生活　　　徐 凡 著

出 版 人：肖风华

责任编辑：李锐锋　冼惠仪
装帧设计：陈宝玉
封面设计：蓝美华

统　　筹：广东人民出版社中山出版有限公司
执　　行：王　忠
地　　址：广东省中山市中山五路1号中山日报社8楼（邮编：528403）
电　　话：（0760）89882926　（0760）89882925

出版发行：广东人民出版社
地　　址：广东省广州市海珠区新港西路204号2号楼（邮编：510300）
电　　话：（020）85716809（总编室）
传　　真：（020）85716872
网　　址：http://www.gdpph.com
印　　刷：广东信源彩色印务有限公司
开　　本：787mm×1092mm　1/32
印　　张：7　　字　　数：115千
版　　次：2019年11月第1版
印　　次：2019年11月第1次印刷
定　　价：39.80元

如发现印装质量问题影响阅读，请与出版社（0760-89882925）联系调换。
售书热线：（0760）88367862　邮购：（0760）89882925

总　序

| 胡　波

　　自然科学和社会科学是人类探究自然、了解社会、认识自我的两把钥匙，也是人类社会文明进步的双重动力。自然科学是研究自然界各种物质和现象的科学，如物理学、化学、动物学、植物学、矿物学、医学和数学等，是人类认识自然、了解自然、改造自然和适应自然不可缺少的有效理论和科学方法；而社会科学是研究各种社会现象的科学，包括政治学、经济学、社会学、法律学、管理学、历史学、文艺学、美学、伦理学、文学等，是人类认识自己、认识他人、认识环境，尊重自己、尊重他人、尊重环境，进行双向交流、相互交往的有力工具。

　　众所周知的是，自然科学为人类创造了许多物质文明成果，解放了人类的手脚，也拓宽了人类的视野，丰富了人类的物质文化生活。尤其是18世纪工业革命以来，科学技术消除和控制了许多自然灾害，减少了疾病的蔓延，延长了人类的寿命，让人类生活得更舒适、更便利、更安全。但不可否认的是，自然科学，特别是现代科技发展的后遗症与副作用，也给人类带来了许多比传统风险（风灾、水灾、旱灾、瘟疫、地震等）还要令人忧心的现代危情（环境污染、核扩散与辐射、废弃物、有毒物质等）。这些现代危情对人类来说，是一种无法预知又时刻存在的危害。但整体而言，自然科学的发展，不仅改变了自然界，拉近了人与自然之间的距离，减少了自然对于人类来说所具有的神秘感和陌生感，还直接或间接地改变了人类社会的生活环境和物质条件，影响了人类自身的生产方式和生活形态。不断发展的科学技术，在现代社会中日益成为社会变迁的一股重要推动力，在许多方面正改变着人类的生活方式和文化模式。机器人将逐渐取代传统工人的角色；银行自助提款机的功能也日益替代银行职员的职能；交通网络和大众传播媒介的发展，使不同民族之间的距离大大缩小；工商业快速发展，加速了社会流动，改变了人们的价值观、世界观、人生观、行为模式和生活方式。这些由科技文明所带来的新趋势和新问题，固然需要自然科学去研究与应对，但社会科学对于人类社会变迁所造成的法律、伦理、道德等层面的影响和冲击，同样责无旁贷。社会科学理所当然地应该从政治、经济、社会、文化、教育等不同层面进行深入研究，为人类生存、生活和全面发展提供更多的知识、智力的支撑和思想、文化的引领。

　　自然科学和社会科学虽然在研究领域、研究方法上有所不同，但都和人类社会的生存和发展有关，都与解决人类所面临的困难和挑战有关。社会科学是以"人"为中心，研究人与人之间，人与群体之间，人与社会、国家之间互动的知识领域，探究人类文化与其周围环境之间的关系的科学。人类在社会中生存和发展，必须了解与其生活层面有关的知识和经验，方能很好地顺应环境和改善生活，提升生命的价值，让人生更有意义。但是长期以来，人们对社会科学理论的认识和了解比较浮浅，对社会科学知识的掌握和运用极其简单，在思想和行动上表现出典型的实用主义或工具理性。尤其是经济建设过程中，重物质轻精神、重科技轻人文、重自然科学轻社会科学的现象更加突出，其结果是，在经济快速增长和科技高度发达的同时，也产生了生态环境恶化、贫富差距拉大、伦理道德滑坡、腐败案件高发和精神信仰缺失等现象，甚至有不少人成为物质的奴隶，精神的侏儒。因此，以人为中心，探讨人类生活层面的知识领域，以及探究人类文化与其周围环境之间关系的社会科学，就必将为当今社会提供认识自己、认识他人、改造社会的钥匙。自然科学以自然物质为中心，研究人类在物质生活环境上的问题；社会科学以人为中心，处理人类精神层面的事务。两者对于人类社会而言都是不可或缺的，尤其是在所谓"后工业社会"

与"后现代文化"的 21 世纪，寻求社会科学与自然科学之间的平衡，矫正往昔"轻人文重理工"的偏颇现象，对于构建人类社会的"新文明体系"具有重大的意义。① 正如有的学者所说："全部社会科学，要解决的就是一个问题，即个体认识自己、认识他人、认识环境，尊重自己、尊重他人、尊重环境，然后进行相互间的交流、交换、交往、交易等的问题。简而言之，分清各自的利益，学习有效、互利的原则与技术，是公民的必修课。"② 但是，社会科学的理论、方法、知识、经验，并不为大众所掌握和运用，其传播和普及的对象与范围都十分有限，往往停留在学者的圈子内，终止于社会精英的层面上。孙中山先生曾认为，无论是在古代中国还是当代社会，始终是"知难行易"，而不是"知易行难"，强调认识比行动更难但更重要。③ 马克思在《〈黑格尔法哲学批判〉导言》中指出："批判的武器当然不能代替武器的批判，物质力量只能用物质力量来摧毁；但是理论一经掌握群众，也会变成物质力量。理论只要说服人，

① 沙依仁等著：《社会科学是什么》，世界图书出版公司北京公司，2006 年，第 27—28 页。

② 沙依仁等著：《社会科学是什么》，世界图书出版公司北京公司，2006 年，简体版序，第 2 页。

③ 《孙中山选集》，人民出版社，1981 年，第 159 页。

就能掌握群众；而理论只要彻底，就能说服人。所谓彻底，就是抓住事物的根本。但人的根本就是人本身。"① 因此，将社会科学的"知识"转化为"常识"，"经验"积淀为"理性"，"理论"转变为"智慧"，"方法"转化为"思维"，理所当然地成为社会科学普及的宗旨和要务。2014年9月1日起施行的《广东省社会科学普及条例》就明确指出："社会科学普及工作应当坚持政府领导、社会支持、公众参与、资源共享、服务大众、法制保障的原则"，"社会科学普及是指采取公众易于理解、接受和参与的方式，普及社会科学知识、传播科学思想、倡导科学方法、弘扬科学精神和人文精神的活动"。社会科学普及工作，今天已是各级党委政府的重要工作之一。

中山市社会科学界联合会长期以来坚持以人为本，围绕市委市政府的中心工作，关注社会，聚焦民生，面向未来，在做好党委政府的智囊团和思想库的同时，积极主动地采取多种形式，大力普及社会科学知识，传播思想文化，弘扬科学理性和人文精神。经过不断努力，中山不仅涌现了大批具有广泛影响的社科普及专家和知名学者，也出版了一大批社科普及读物，如《中山史话》《凡人孙中山》《新三字经与社会主义核心价

---

① 《马克思恩格斯选集》（第一卷），人民出版社，1972年，第9页。

值观》《血脉相承：中山非物质文化遗产探究》《艺文与修身》《修身与修行》等既有地方特色又颇具中国气派的科普书籍，甚至借助南国书香节中山书展这个大平台，单独设立社科普及展区，开展形式多样的社科普及活动，产生了较大的反响。但是，社科普及活动仍然缺乏针对性和趣味性，社科普及读物也少了地方色彩而多了学究气息，社科普及的效果并不令人满意。

如何开展社科普及工作，有效地服务社会，逐步提高大众的人文素养，也就成为广大社科工作者必须回答的问题。为此，中山市社会科学界联合会在市委市政府的关怀和领导下，组织社科专家，结合地方历史文化、经济社会的特色和社科的专业特点，融知识性、趣味性和专业性、系统性于一体，编辑出版"社科普及丛书"，力求在全面介绍政治学、经济学、社会学、文化学、历史学、哲学、伦理学、民俗学、地理学和法学等社科基础知识和理论方法的同时，客观全面和深入浅出地讲述中山地方历史文化和人文精神，力求通过系列丛书的编辑出版，使其逐渐进学校、进机关、进企业、进社区，力求达到理论宣传、思想传播、文化交流、信息传递、知识共享的多重目的。为好书找读者，为读者写好书，讲好中国故事，传播社科新知，引领时代风尚，推动社会进步，这就是"社科普及丛书"编写的方向和目标。

前言 │ 民族复兴需要科学思维

谈论科学与生活的话题，估计没有人会否认科学对于生活具有重大的影响。然而，我们仔细分析会发现，人们通常所说的科学对于生活的重大影响，往往指的是科学物化后的成果对于人们生活的影响。比如由二进位制和电子理论所发展起来的电脑技术—互联网—移动互联网对于今天人们生活方式所产生的巨大影响。但严格说来，这应该归结于技术对生活的影响。

纯粹的科学理论则往往被认为属于专业人士独享的"高精尖"玩意，与一般人的日常生活相关性不大。比如数学，对于一般百姓而言，小学三年级学习的加减乘除四则运算就足以受用一生。到超市买东西，你不会对收银员说："等一等，我要列个方程，算一算到底应该给你多少钱。"即使如马云那样的大亨和客户谈一宗金额颇为可观的生意，一般也用不着开根号。

笔者认为这种理解是错误的，至少是狭隘的。实际上，科学对生活的影响包含两个方面的途径。物化的技术成果只是途径之一。而另一种影响，即科学理论对人们生活的影响，则往往被忽视了。比如，人们从数学中学到的运算技巧固然有用，但如果你能通过数学学习养成严谨的逻辑推理习惯，同样是受用一生的宝贵财富。

从历史上看，雷击致人死亡。在科学没有弄清楚打雷是怎么回事之前，人们习惯于将这看作一种"报应"：死者一定是做了什么伤天害理的事情，老天爷才给予惩罚。死者因雷击而在身体上留下的一些斑点，也成了老天爷用天书写就的"判决书"。因为对打雷恐惧，父母时常用其来恐吓调皮的孩子，成人之间也往往用"天打五雷轰"作为咒语。

然而，后来科学告诉我们，出现打雷是因为天上的云是带电的，有的云带正电，有的云带负电。当两种云相遇时，相反电极的碰撞会产生火花，这就是闪电。同时，两种云相碰撞，还会释放出巨大的能量，使得周围的空气受热膨胀。这种瞬间的膨胀会挤压周围的空气，产生强烈的如爆破般的震动，这就是打雷。

由于打雷时伴有电流的释放，当空中的电流碰到地面上的人或物时，就可能导致地面的人或物触电。对于物，可能引发火灾或其他破坏；而对于人，就可能因触电而死亡。所以，遭雷击死亡，其实是一种自然现象，它与当事人的品行毫无关系，只与他当时所处的位置及其他特定条件有关。

今天，我们已经不会对一个遭遇雷击而死亡的人予以道德上的否定。我们只会为遭遇这种不幸的人感到悲伤。为了避免遭受雷击，科学也提供了解决方案，虽不完善，但也在很大程度上实现了避雷。这个例子说明，正是科学改变了人们看待和处理打雷的方式。反过来看，如果人们缺少科学的思维，就会做出错误的判断和决定，相应地，也要为这种错误承担后果。

比如，2019年5月23日的《南阳日报》刊发了一篇文章——《水氢发动机在南阳下线，市委书记点赞！》。记者在文中这样写道："水氢发动机在南阳下线，车载水可以实时制取氢气，车辆只需加水即可行驶。"根据这个报道，似乎南阳取得了一项巨大的科学技术突破，且能带来巨大的经济和环境效益。所以，南阳市的最高领导都为之点赞。

从科学上说，汽车要行驶，必须要有动力支持。目前，提供这种动力的主要是汽油或天然气。当然，氢气也可以燃烧，理论上，未尝不可以作为动力能源，而且，一个稍有化学知识的人都知道，水能够分解出氢气。然而，这里不但涉及化学科学，还涉及经济科学。如果要想利用水分解的氢气作为一种恒久的、稳定的动力能源，相关的工艺要求尚且是一个可以解决的简单问题，最困难的还在于如何降低其成本，使此项技术具有广泛应用的商业价值。

一个更能说明问题的是海水淡化。缺水似乎成了一个世界性难题，但既然海洋本是一个巨大的水库，我们为什么不能想办法把海水变得可以饮用呢？其实科学家已经找出N多种海水淡化的有效方式，然而迄今为止，还没有任何一种方式具有商业用途。也就是说，海水淡化没有问题，而淡化后的海水根本没有人能够喝得起（技术成本太高）。所以，海水淡化技术依然处于理论阶段，离成熟运用到商业生产还有很大一段距离。

一个人，一个组织，一个民族，甚至整个人类，如果要想有所作为，就一定要具备基本的科学思维。科学思维要以科学知识为基础，但又要突破具体科学知识的局限，以一种真正科学的精神、科学的态度和科学的方式去看待和处理事情，这样才能得出合乎科学的结论，才能取得造福于人的结果。

本书选取了几个科学史上比较重要和突出的理论，放在整个人类社会进步的大背景中加以考察和分析，希望能够说明如下问题。

第一，科学家是怎样发现和找出对人类有价值、有科学意义的问题的。

第二，面对问题时，科学家是怎样思考、怎样着手解决这些问题的。

第三，问题解决后，如何改变人对于世界、对于社会和对于人自身的认识。

第四，科学家发现、解决问题的方式和过程，对人们的思维方式和行为方式产生了什么影响。

第五，科学没有终点，一个科学问题的解决往往会引发其他科学问题。

科学是推动人类文明进步的巨大力量。我们今天要致力于中华民族的伟大复兴，就必须养成良好的科学思维习惯。

目　录

第一章

究竟什么是科学

　　科学，作为探索、研究、感悟人类所生活的这个广袤宇宙万物（包括人自身）知识和规律的一项活动，与人类的生活息息相关。毫不夸张地说，离开了科学，今天的人类将无所作为，当然也就一事无成。同样，生活在这个时代的人，如果不具备相当的科学知识和基本的科学思维，那也是出口必闹笑话、行路必撞高墙。

科学全方位地影响我们的生活

　　2019 年 5 月 31 日，南京市江宁大道与天元西路路口发生了一起交通事故。当时，一辆私家车跟一辆出租车在同时拐弯时相撞。交警部门在处理交通事故时，私家车车主拿出一份两页纸的材料，试图证明本次事故中自己无责，出租车司机则应承担全责。

原来，这位私家车车主是退休的大学教授。他运用学过的物理知识，对当时两辆车的运动状况进行了详细推算，结论证明自己无责。

交警部门以监控视频作为证据，表明这位教授的推算和结论都是正确的，该起事故确实是出租车司机的责任。

在这样的情况下，物理学理论能起到一定的作用。媒体也报道过类似事例，如几个顾客到食店吃鸡，吃完后，他们认为食店老板"克扣"了鸡肉，并没有把整只鸡全部做成菜端上来。食店老板矢口否认。孰料，这几个顾客是一所大学的生物系学生，他们把所有吃后的鸡骨头拼起来，结果不能形成一个完整的鸡骨架，老板克扣的鸡肉部位一清二楚。在这样的证据面前，老板也只能承认自己的错误。这也是科学在生活中的实际运用。

科学对生活的影响，呈现出两个"全方位"的特点。

其一，科学对生活的影响是全方位的，它不仅改变了人们的物质生活，也改变了人们的行为方式和思维方式。其中尤其重要的是，它深刻影响了人们头脑中的观念。人们对于这个世界的看法和各种待人处事的方式，都深深地打上了科学的烙印。

读者对下面的场景应该不陌生：当某人对他所做的某件事情夸夸其谈时，旁人却评论他这一行为是违背科学的。此时，那个人要么激烈地为自己辩解，要么只能马上闭嘴。科学，似乎已经成为判别是非的权威依据，甚至，可以认为科学就是真理。其他学科也是如此，甚至许多人都努力为自己稀奇古怪的主张披上科学的外套，以彰显自己的权威和正确。

其二，科学的全方位，包括科学的语言、科学的研究方法、科学的思维方式，甚至，科学家的一些个人特点，也对人们的生活产生影响。人们自觉或不自觉地效仿着某种被称为"科学"的行为方式。

科学能取得今天的地位，完全是它一步一步"挣"来的。近代是自然科学迅猛发展的时期，几千年来，许多人通过科学的运用，将梦想变为现实。甚至，许多人们过去连想都不敢想的事情，科学同样把它们变成现实。

首先了解科学的五个特点

要想弄清楚科学为何能够对生活产生全方位的影响，必须对"科学究竟是什么"有一个大致了解。遗憾的是，人们对科学这个最应该讲究"科学"的东西，在很大程度上抱着一种迷信的心态。问题不在于人们不相信科学，而在于他们将科学推上神坛，顶礼膜拜。殊不知，这种方式本身正是科学竭力反对的。

由于对科学的盲从和迷信，使得种种假借科学之名的歪理邪说大行其道，污染人们的思想和整个社会。

一般人所了解的科学，与科学家和科学哲学家眼中的科学有着很大的差别。科学家对于科学总是抱着一种天然的不满足感，质疑声、怀疑声充斥整个科学活动。而科学哲学家更是认为科学的这种权威性未能得到有说服力的证明。虽然科学的成果显得如此辉煌，但科学本身却有太多说不清楚的东西。

在百度搜索得知，科学是关于发现、发明、创造、实践的学问，是人类探索、研究、感悟宇宙万物变化规律的知识体系的总称，是一个建立在可检验的解释和对客观事物的形式、组织等进行预测的有序的知识系统。

不知道读者看见这样的定义是什么样的感觉。反正，笔者认为这样的定义有点混乱。

第一，发现、发明、创造、实践这四个词之间是什么关系？如果说全部是并列的，那么，清洁工人扫地也是一项实践活动，但没有人会认为这是一种科学活动。如果这几个词不是并列的，而是"关于发现、发明、创造的实践的学问"。那就是说，科学是一项实践活动，所谓实践，是一种主观见之于客观的活动。但我们都清楚，许多科学，比如哥德巴赫猜想，完全是纯理论而无法见之于客观。即使你牵强地把著名数学家陈景润撰写论

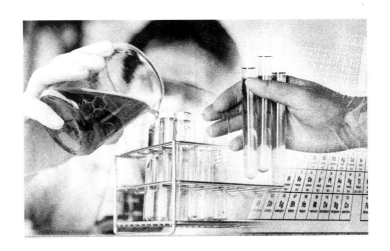

科学是关于发现发明创造实践的学问，是人类探索、研究、
感悟宇宙万物变化规律的知识体系的总称

文的活动视为一项实践活动，那么他在静坐思考时，你不可能还将其视为实践活动吧？

第二，研究、感悟宇宙万物变化规律肯定不是科学所独有的活动，宗教、巫术、占星术、炼金术等也在试图做同样的事情。但我们知道，后面这些并不是科学。

第三，虽然根据科学理论可以作出许多预测，但科学的目的肯定不是为了算命。常说的科学规律并非一种算命工具，而是我们的行为必须遵循的准则。

第四，最重要的是，这样的定义完全无法解释科学对于人们观念的影响。

事实上，关于"科学是什么"这个问题，在科学哲学界也是一个争议非常大的问题。无论是波普尔的"证伪主义"、库恩的"范式"理论、拉卡托斯的"研究纲领"，以及费耶阿本德的"怎么都行"等，都引来众多质疑和诘难。所以，笔者也没有这个能力来给科学下一个定义，更不愿意把自己当作靶子让他人"开枪开炮"。

从本书所讨论的科学与人的生活的关系，尤其是科学对人的思维影响的角度而言，笔者认为科学具有的五个特点是特别值得注意的。

特点之一：科学是对于现实世界的一种抽象表达。

科学是普遍适用的。这就说明，科学提供的是一个一般性的结论，这样才能使之对于相同状况下的任何情形都是适用的。比如，科学不会这样说：广州到北京的高速公路里程是 2000 千米，张三开着他的宝马小车，以 100 千米每小时的速度行驶，需要花 20 个小时。因为，这样的回答无助于解决从广州开车到上海、重庆等其他地方所花费的时间问题。科学的表述要简单得多，即时间＝路程 ÷ 速度。

这种科学的表达，就是对于现实世界的一种抽象。

抽象是一种思考问题的方式。人出于某种目的，从众多事物中抽取出其共同的、本质性的特征而形成一个概念，就是完成对于某个问题的抽象。比如，为了研究几何图形，人们可以从一根拉直了的绳子中抽象出直线的概念。此时，人们关心的只是绳子所呈现的形状，对于绳子的颜色、制作材料等毫无兴趣。所谓抽象的东西，就是现实世界根本不存在而只在理论里才存在的一种东西。你在现实世界中可以找到绳子、笔或其他许多直线样的东西，但是，你肯定找不到既不是绳子，也不是笔，还不是其他任何物体的纯粹叫做"直线"的物件。

出于不同的目的和需要，抽象可以从广度和深度两个方向进行。

从广度上说，人们可能从同一个实物中抽象出不同的概念。

比如，将苹果和香蕉、梨、葡萄放在一起，抽象出的概念是"水果"；将苹果和玫瑰花、鲜血放在一起，抽象出的概念是"红"；将苹果和篮球、元宵、月亮等放在一起，抽象出的概念是"球"，等等。也就是说，把不同的对象集合在一起，可能抽象出不同的结论。

从深度上说，抽象具有层级。比如，按照道格拉斯·理查·郝夫斯台特在《哥德尔、埃舍尔、巴赫》一书中的例举，一份报纸都可能抽象出六个层级，如下：

1. 一份出版物。

2. 一张报纸。

3. 一份《××日报》。

4. 2018 年 6 月 7 日的《××日报》。

5. 我的 2018 年 6 月 7 日的《××日报》。

6. 我第一次捡起的我的 2018 年 6 月 7 日的《××日报》（只是现在已经不是我的报纸，因为几天后，我把它丢进火炉里烧掉了）。

抽象的结论不局限于形成概念，也可能形成一些命题、判断等结论，目的就在于把握对象普遍的、一般性的规律，从而形成对事物更为准确、更为本质的认识。比如，我们说苹果的颜色是红色的，只是对于苹果的性质作出了一个描述，无助于我们对其他事物的认识。但是，如果我们能够说出"水果都是可以食用的"，那么就意味着对于所有的水果，人们都可以将其放入口中，吞进肚子里。

抽象不是科学独有的认识方式，但科学抽象一定是对现实世界的抽象。科学就是采用各种抽象的方法，对世间万物的不同方面实现认识，然后反过来作为一种普遍性的原则，促进人们加深对于万事万物的认识，也帮助人们解决需要解决的许多问题。

例如，求在一条直线上找出一个点，使得它到指定的直线外的两个点的距离之和最小。这是一个很抽象的几何学问题。但是，如果我们将其换一种说法：有一列动车将经过两座城市，规划在两座城市之间建造一个车站。甲市希望把车站建在靠近本市的地方，乙市又希望把车站建在靠近本市的地方。如果任由两座城市各自陈述其理由，也是一个很难评估的话题。然而，上述几何学问题却给出了解决这个问题的答案：合理的车站选址，应该是使两座城市到该车站的距离之和最小。

特点之二：科学是一种具有准确信息量的表达。

首先要说明，本节所使用的"科学的"一词，其含义与一般理解不同。一般认为，"科学的"就意味着是正确的。但本节的"科学的"一词，只说明是具有科学的基本特征的，并不意味着它就是正确的。

　　"证伪主义"是英国哲学家卡尔·波普尔关于科学本质特点的一个观点。在波普尔之前，人们都认为"科学的"就是可以证实的。然而，波普尔发现，证实一个科学理论通常是极其困难的。一次实际的操作验证了某个理论，也只能说明这一次操作结果与该理论相吻合，但并不能保证下一次同样的操作下也同样与该理论相吻合。

　　波普尔继承了休谟关于归纳推理局限性的观点。他反其道而行之，认为科学的根本特点并不在于其具有可证实性，而是在于其具有可证伪性。也就是说，一个判断、一个结论、一个理论如果被认为是科学的，那么提出该判断、结论、理论前一定要明确：如果出现什么样的情况，我就承认自己这个说法错了。

　　比如，你说明天会下雨，这是一个符合证伪主义要求的科学的命题。如果明天确实下雨了，那么就证明你的这个命题是正确的；如果明天没有下雨，那只是证明了你的命题的结论是错误的，但命题的表述方式依然是科学的，它是一个被证伪了的科学的命题。

　　与此相比较，如果你说明天可能下雨，也可能不下雨，波普尔就认为这个命题是不科学的。因为，无论明天下雨或不下雨，这个命题都是正确的。如此，这个命题就不具有明确的信

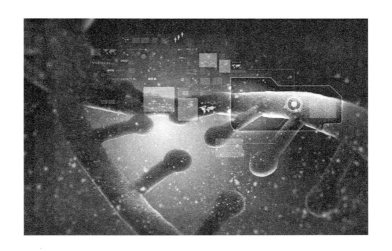

科学是一种具有准确信息量的表达

息量，也就不具备可证伪性，因而不是一个科学的命题。

根据波普尔的观点，科学研究类似于胡适先生所说的"大胆假设，精心求证"。当然，这里的求证指的是证伪。科学研究的过程，就是一个根据事实提出假说，然后不断进行证伪的过程。如果这个假说最后被证伪了，那么这个假说就会被抛弃，被新的假说替代。如果假说没有被证伪，那么它就成为一段时间内科学家所普遍接受的科学理论。但是，已经成为科学理论的东西，依然会面对未来可能出现的证伪。证伪，有时一次就足够了；而不被证伪，或者说证实，则几乎不可能。

波普尔的观点遭到许多哲学家的反驳，因为，从科学史来看，许多科学理论被一次，甚至 N 次证伪了，但科学家并没有简单地认定这个理论错误，而抛弃这个理论。科学家会对这个理论进行不断的修补完善，以纠正这个理论。但是，证伪主义观点却给了人们一个明确的指示：科学一定是含有准确的信息量的一门学问，任何只有情绪化的或模棱两可的表述的东西，都不能认为是科学的。

数学中有一个分支叫做模糊数学，物理学上也有一个测不准原理，但这是科学对相应物理事实的一种处理方式或者处理结果，与科学的准确信息要求并不违背。

特点之三：科学是一种具有可重复性的表达。

这其实说的是对于科学结论的一种检验方式，是科学普遍实用性的必然要求。任何科学理论提出后，都必须接受检验。或者，按照波普尔的说法，要经历一个证伪的过程。这种检验的方式是：按照理论所设定的条件和操作进行，就一定能够得到该理论所预测的结果。如果得不到同样的结果，那就证明这个理论有问题。除非有充足的理由证明这个检验过程错了，而且按照修正后的检验过程得到了理论所预测的结果。

需要特别注意的是，科学理论所设定的条件和操作一定是客观的、明确的。许多其他学说，比如巫术也在做预测和检验，但是它所设定的条件和操作完全不具有客观性和确定性。比如，巫师说如果怎样做，你的牙痛就会好。你按照他说的做了，但牙痛并没有好转。巫师会狡辩说，之所以不灵验，是因为你在那样做之前去了一趟洗手间，亵渎了神灵。即使你不上洗手间再做一次，牙痛依然没有治好，巫师又会找出其他借口解释。

特点之四：科学具有完备的逻辑性。

科学并非一种单纯的实践活动，也有严格的逻辑推理过程。科学结论必须具有完备的逻辑性。这里所指的"完备"至少包括以下含义。

其一，科学结论一定是全称判断，即在该理论所声称的适用范围内，必须是全部的对象都要适用于这个理论，不能有一个例外，否则，该理论一定是错误的，至少是有瑕疵的。

其二，科学理论在逻辑上一定是自洽的，不能存在逻辑上的疑问，否则，同样可以认为该理论是错误的，或是有瑕疵的。

特点之五：科学不相信权威。

科学界也有大师，甚至有堪称"伟人"级别的人物，比如牛顿。但是，科学家承认某个理论是科学的，肯定不是因为该理论是某个大师级人物提出来的，而是它同时满足逻辑的严谨性和与观察实验的一致性。

在科学史上，许多杰出人物的巨大成就，比如欧几里得的几何学和牛顿的力学体系都曾是"神一样的存在"。尽管如此，当科学家认为该理论在逻辑上不那么严谨，或者与新的观察事实有微小差异时，他们一定会抛弃一切迷信，穷根究底地解决存在的问题。而一旦问题得到解决，就会把科学和人对自然界的认识推向一个新的高度。

当然，尽管后来这些"神"一样存在的科学理论得到部分证实或推翻，但人们对于这些理论的创立者并没有丝毫轻视，依然对他们报以最大程度的敬重。这是因为，科学本来就承认：人们的认知——当然也包括科学家的认知，只能是一定环境和条件下的认知，必然有着历史局限性。而这些科学家已经在他们所处的历史进程中达到了很高的位置，所以他们值得我们敬重。

　　了解了科学的这几个重要特点，不仅有助于我们理解科学是什么，也能让我们更加明白科学对人类的生活产生了怎样的影响，以及为什么会有这样的影响。它还能够促使我们科学地看待生活，从而使我们的生活更加科学。

第二章

炼金术：化学的摇篮

巫术、占星术、炼金术和宗教，在历史上是人们生活中一个相当重要的内容，直到今天，也不时在人们的生活中得到显现。

一种相当流行的观点认为，科学与巫术、占星术、炼丹术和宗教是不相容的。因为后者被指斥为"迷信"，而前者正是与迷信针锋相对的"科学"。然而，人类文明史的发展过程表明，二者的关系并不是这样简单和绝对的。当然，科学的进步也不断地改变了人们对于巫术、占星术、炼丹术和宗教的态度。二者的关系是犬牙交错，又相互影响。

炼金术是一种哲学思想的实践

科学与巫术、占星术、炼丹术、宗教都认为，万事万物之间都存在某种联系，这种联系是有规律可循的。人们通过努力，能够找到这些规律，从而让世间万物为自己所用。

　　有的观点认为，科学与巫术、占星术、炼丹术、宗教之间
最主要的差别在于所使用的方法。所谓科学，即采用观察、实验、
推理等科学的方法，而巫术等采用的则是非科学的方法。其实，
这样的观点依然不符合历史事实。在历史上，占星术进行了大
量的天文观测并积累了相当成就；炼丹术也进行了大量实验并
颇有发现；巫术对于人的心理的研究也是卓有成效的；宗教，
对于人们关系的研究则更为复杂和深刻。

　　因此，科学与巫术、占星术、炼丹术、宗教的关系是一个
非常复杂的问题。尽管如此，笔者完全无意模糊科学与巫术等的
界限，相反，笔者深刻地认为，科学与巫术等的区别是本质性
的。并且，科学在发展过程中取得的成就为自身赢得了很高的
地位，往往使得巫术等也热衷于披上科学的外衣，让科学与巫
术等的区分更加困难。然而，如果真正确立了一种科学的精神，
那么我们就能够准确地从根本上对科学和巫术等加以认识。

　　本书比较详细地厘清了科学与巫术、占星术、炼丹术、宗
教之间的复杂关系。

　　炼金术是一种在许多国家和民族都流行过的技术，其主要
目的是把贱金属转变为贵金属，尤其是黄金。但要真正理解炼
金术，一定不能望文生义，认为这仅仅是一项提炼黄金的技术。

虽然炼金术士确实从事大量提炼黄金的技术性操作，从更深层次分析，炼金术与其说是一种技术，不如说是一种哲学，至少是某个哲学思想的一种具体实践。

在炼金术士眼里，金属是活的有机体，它同样有一个生长、发育、成长的演进过程。从普通金属到贵重金属，就是经历了这种演进的结果。这类似于两千多年后达尔文的进化论思想：动物有从低级到高级不断进化的倾向，金属同样也存在从普通到贵重的演化。炼金术士的工作，就是给金属施加恰当的外力，促成这种演化。

炼金术士认为，作为有机体，金属也是具有灵魂的，正是这种灵魂的高低决定了金属的贵贱。炼金术士的工作就是把贵重金属的高贵灵魂剥离出来，将它植入普通金属中，使普通金属成为贵重金属。灵魂的主要表现形式就是金属的颜色。所以，炼金术士的主要工作就是在普通金属的表面镀上一层黄金般的颜色。

在炼金术士眼中，炼金过程不仅仅是一个使金属的灵魂得到提升的过程，也是一个炼金术士自身的进化和完善过程。在炼金时，炼金术士与所炼的金属一样，经历了死亡、复活、完善的过程。在这个层面上，炼金术不仅能使人享有富足的生活，更可以给人超卓的智慧和高尚的道德，彻底改变人的精神面貌，

炼金术士的主要工作就是在普通金属的表面
镀上一层黄金般的颜色

最终使人达成与造物主的直接沟通。

当然，这样的目标是不可能达到的。对此，炼金术士也做出了自圆其说的解释："由于它是人世间一切幸事中的幸事，所以我认为它只能由极少数人通过上帝的善良天使的启示而不是个人的勤奋获得哲人石的。"

炼金术士深受亚里士多德四元素学说的影响，认为汞、硫和盐是各种金属最常见的共同元素，只要把这三种元素按照不同但恰当的比例混合，就可以得到铅、铜或者黄金。炼金术士还构想了一个非常奇特的物质——哲人石，又称为点金石。这是唯一一种以物质形式存在于精神世界的东西，是物质的最高境界。点金石据说是一种红色的粉末。之所以称其为点金石，是因为如果把这种石加进其他金属之中，该金属就成为黄金。

所以，提炼哲人石也是炼金术士孜孜以求的工作。据说，法国人尼古拉·勒梅于1382年4月25日傍晚5点制成了红色的哲人石，其后，三次成功利用哲人石实现了黄金的制造。

炼金术的现实基础无疑是人们对于财富的狂热追求，所以在相当长的时间内，人们投入大量人力和物力进行炼金术的研究。这当中固然有位高权重的人物，如英国国王亨利六世，法国国王查理七世、查理九世，瑞典国王查理十二世，普鲁士国王腓特烈·威廉一世、腓特烈·威廉二世等，他们都是炼金术的忠实信徒。值得一提的是，伟大科学家牛顿也相信通过实验来制取黄金是一件有价值的事情。

　　牛顿进入剑桥大学时的第一位导师亨利·莫尔就是一名炼金术士。而牛顿留存下来的手稿显示，他曾逐字逐句誊写和翻译了许多炼金术著作，还编纂了一份详细的、大约包含7000个名词的炼金术词汇表。牛顿自己也做过许多炼金术实验，如参照瓦伦丁《锑之凯旋车》中的方法，成功制造出了一种被称为"星锑"的美丽晶体。他认为："这种星没有宝贵到包含贤者之石，但是其中隐藏着一种绝妙的药物。"

　　到了近代科学时代，炼金术已是强弩之末，牛顿是对炼金术理论作出过贡献的最后一位炼金术士。最后，在罗伯特·波义耳的长期研究下，炼金术的理论基础被"摧毁"了。

化学的出现终结了炼金术

　　恩格斯对罗伯特·波义耳的评价是："波义耳把化学确立为科学。"

　　波义耳是著名的化学家、实验家。1654年，他在牛津建立了一个设备齐全的实验室进行科学实验。正是根据自己的实验，他提出，化学研究的目的在于认识物体的本性，因而需要进行专门的实验以收集观察到的事实。他在划时代巨著《怀疑派化学家》中明确指出："化学到目前为止，还是认为只在制造医药和工业品方面具有价值。但是，我们所学的化学，绝不是医学或药学的婢女，也不应甘当工艺和冶金的奴仆，化学本身作为自然科学中的一个独立部分，是探索宇宙奥秘的一个方面。化学，必须是为真理而追求真理的化学。"

　　波义耳对化学的重要概念——"元素"进行了剖析，这也是炼金术的一个重要概念。最先提出这一概念的是古希腊哲学家柏拉图，并由亚里士多德发展补充。波义耳通过实验证明，无论是柏拉图的火、水、气、土，还是炼金术士的硫、汞、盐，其中有些并不是真正的元素。因为许多物质，比如黄金，就不含这些元素，科学家既不能从黄金中分解出硫、汞、盐等任何一种元素，也不能将硫、汞、盐合成为黄金。波义耳认为，只有那些不能用化学方法再分解的简单物质才是元素，而黄金本身就是一种元素。

　　波义耳指出，构成物质原有的元素不会只有三种或四种，一定会有许多种。并且他反复强调："化学，为了完成其光荣而又庄严的使命，必须抛弃古代传统的思辨方法，而应像物理学那样，立足于严密的实验基础之上。"

　　正是波义耳通过不懈努力，将科学的思想和方法带进了化学，解决了当时化学存在的一系列理论问题，为近代化学的发

化学的出现终结了炼金术，摧毁了炼金术的自然哲学基础

展奠定了坚实的基础。波义耳的成就同时也摧毁了炼金术赖以生存的自然哲学基础。此后，炼金术已经无法使人相信其"科学"道理，而完全堕入了神秘主义的巢穴。

中国古代神秘的炼丹术

中国古代也存在一种与炼金术非常类似的技术，被人们称为"炼丹术"。称谓的不同标志着价值取向上的差异：西方人追求物质财富，所以渴求点石成金；而中国帝王已经富有四海，所以金钱对他们而言不是特别重要的东西，他们渴求的是万寿无疆、长生不老，以便能够永享权力。从事实上看，西方也有炼丹，中国也有炼金，但其主流思想上确实存在这种差异。

炼丹术，就其基本含义来说，只是一种制造药物的方法。但由于它所制造的并非普通药物，而是专供帝王使用并促其"长生不老"的药物，因而人们赋予这种药物一个吉祥的名称——丹药。这也是"炼丹术"这一术语的由来。

炼丹术在历史上从来没有一则成功的事例，也就是说，没有一个帝王因为服食丹药而长生不老，相反，却有很多帝王因服食丹药而过早地去世了。唐朝是炼丹术的全盛时期，几乎历代皇帝都热衷于炼丹，而这些皇帝半数以上死于所谓的"长生不老丹"。

　　由于皇帝的提倡与信奉，王公贵族也都纷纷效仿炼丹服药，许多名士文人也紧随其风。白居易在晚年有《思归》诗一首记述了这一状况：

> 退之（韩愈）服硫黄，一病讫不痊。
> 微之（元稹）炼秋石，未老身溘然。
> 杜子（杜牧）得丹诀，终日断腥膻。
> 崔君（崔元亮）夸药力，经冬不衣棉。
> 或疾或暴夭，悉不过中年。

　　无论是炼丹术还是炼金术，尽管从根本上说它们都是错误的，然而正如马克思所说："既然我们不应该否弃这些社会主义的鼻祖，正如现代化学家不能否弃他们的祖先炼丹术士一样，那我们就应该努力无论如何不再重犯他们的错误。"

炼金术加深了人们对物质的认识

　　炼丹术和炼金术，在科学史上的价值主要体现在以下五个方面。

其一，加深了人们对物质世界的认识。炼丹术士和炼金术士都对一大批金属和非金属做了深入研究，了解它们的性质，并试图用化学的方法来对其加以识别和检验。

其二，对物质间的转化关系有了深入的认识。他们了解了许多化合物和化学反应，对化合物的性质和化学反应的掌握都做了相当深入的记载。

其三，促进了实验技术的发展。他们设计制造了许多实验用的仪器设备，如加热器、蒸馏瓶、坩锅等，也采用并掌握了许多有效的实验技术，如蒸发、过滤、蒸馏等。这些设备和技术对于化学实验的发展也是非常重要的。

其四，发明工艺，并推动工艺的进步。由炼金术、炼丹术发展起来的许多工艺，如炼钢、造纸等，今天依然造福人类。

其五，有许多具体的发明和发现也是来自炼金术和炼丹术。如火药、合金（黄铜即锌铜合金，白铜即镍铜合金，砷白铜即砷铜合金，白锡银即砷锡合金）等，都是炼金术和炼丹术的副产物。

牛顿甚至还有这样的表述，他自己从事炼金术工作时，观察到坩埚中物质的运动。他从炼金术的动力联想到天体具有引力这一奇妙的性质，以为宇宙正是身处于上帝的巨大而奇妙的坩埚之中，炼金术就是推动世界运行的原动力。如此说来，牛顿的万有引力定律同样是他研究炼金术的一个"副产品"。

第三章

占星术：天文学积累观测资料

占星术通过对日月星辰的位置及其变化的观察，套用于人世间的人、事和行为并对其进行解释。它既包括对已发生事项的说明，也包括对未发生事项的预测。

今天许多年轻人相信的星座，其实就来源于占星术。由此可见，占星术在今天还存在，甚至影响着人们的生活。

天象观测丰富了天文资料

中国人天人合一的哲学观念赋予了天象和人类之间高度的一致性，这直接促使中国古代占星术的发展。历朝历代都有一个类似钦天监的官职专门掌管天象预测，这在客观上也丰富了中国的天象观测记录。

对太阳黑子的观测能够揭示出太阳的一些现象和规律，如太阳磁场、太阳自转等，都是在黑子观测中被发现的。中国是观测太阳黑子最早的国家，《汉书·五行志》记载："成帝河平元年（公元前 28 年）三月乙未，日出黄，有黑气，大如钱，居日中央。"这是举世公认的第一次明确的太阳黑子观测记录。

　　中国古代的天象观测，事后被证明有一些很重大的发现，比如新星和超新星的记载。所谓新星，就是亮度在某个时候突然增加了几千到几百万倍的一些星，如果亮度增加到上亿倍，就叫做超新星。

　　到 18 世纪初，中国史籍里共记录了大约 90 颗新星和超新星。其中最突出的是宋仁宗至和元年（1054 年）出现在金牛座天关星附近的超新星。《宋会要》中记载："嘉祐元年三月，司天监言客星没，客去之兆也。初，至和元年五月，晨出东方，守天关，昼见如太白，芒角四出，色赤白，凡见二十三日。"

　　直到 18 世纪末，西方才通过望远镜在天关星附近发现一块外形像螃蟹的星云，并将其命名为蟹状星云。1921 年又发现这块星云在不断向外膨胀。根据膨胀速度可以反推得知，该星云物质大约形成于 900 年前，是超新星爆发的产物。该星云既有光学脉冲，也有射电脉冲，还能发射 X 射线和 γ 射线。

　　科学家普遍认为，这就是理论上所预言的一种超新星爆发后的残留核心，即中子星。这已经是恒星演化到晚期的阶段。

而这颗超新星就是《宋会要》在 1054 年所记载的那颗星。

中国古代占星术服务于帝王

从主观上说，中国古代的星象观测并非一项科学研究的手段，而是为了阐释人世间的"道理"，尤其是为帝王提供去灾避祸的警示或歌功颂德的福兆。所以在观测的态度上就存在一些不尊重事实的成分。比如，中国古代天象观测有最吉兆和最凶兆两种天象。

最吉兆的天象叫做五星连珠，即太阳系金、木、水、火、土五大行星连成一条直线。我们今天知道，这是五大行星绕日运转而会定期发生的一种自然现象。然而，历史记载，汉高祖刘邦登基的那一年就出现了五星连珠，因而刘邦特别高兴，认为自己是真真切切地"受命于天"。

然而根据今天已经了解的五星连珠的出现周期计算，当时出现五星连珠的时间应该在刘邦登基以后的第二年。为了讨得圣上的欢心，汉朝当时掌管星象观测并撰写史书的太史令居然把时间给更改了。相反，武则天登基以大周取代大唐的那一年，实在地出现了五星连珠的现象。然而，史书上对此却无任何记载，这是一件很奇怪的事。

最凶兆的天象叫做荧惑守心。荧惑是中国古人对于火星的称呼，因其呈橘红色如荧荧之火，且行踪难以琢磨而得名。荧惑守心就是火星进入心宿内部的现象。据《春秋说题辞》记载："房，心为明堂，天王布政之宫。"所以，星宿就被解释为对应于皇帝的居所（皇宫）。皇宫里面闯进来一个红彤彤的漂浮物，实在是不吉之兆，这意味着要么皇家要出事，要么国家要出大事。

据《史记·秦始皇本纪》记载："三十六年，荧惑守心。有坠星下东郡，至地为石，黔首或刻其石曰'始皇帝死而地分'。"秦始皇闻讯，惊恐万分，虽多方想法避祸，仍死于翌年（秦始皇三十七年，即公元前210年）。

游离于天文学和占星术之间

西方的占星术也有为教廷或世俗统治者服务的因素。占星术士声称可以从天象中看出人的生死乃至看出帝王和国家的命运，所以罗马皇帝也需要利用占星术来增强自己统治的合法性和统治效力。然而，占星术士有如此大的神通力，也会让皇帝心有忌惮。一方面，皇帝想要利用占星术为自己增强信心（或让臣子臣服于自己），另一方面，他们也对占星术士十分猜忌。

罗马帝国就流传着许多占星术士和罗马皇帝之间的故事。

故事之一，亚历山大大帝（即亚历山大三世）曾经让占星术士奈克塔内布计算他自己的命运。奈克塔内布推算出了一个日期，亚历山大大帝说："你算错了，因为你的死期就是现在。"然后命令武士把奈克塔内布扔下了悬崖。

故事之二，罗马帝国第二任皇帝提比略也相信占星术，但他又喜欢考验占星术士。有一次，提比略要求他的占星术士色拉西洛斯推算一下其命运。色拉西洛斯知道大祸临头了，他装模作样地做了一番计算，然后立刻做出诚惶诚恐的样子，对提比略说，推算结果显示，他即将面临一个可怕的危机。提比略便称赞色拉西洛斯有神明相助，能预见危机。色拉西洛斯终于逃过一劫。

但总体上说，西方占星术没有中国这样强烈的政治色彩。西方占星术士所努力的，主要还是在于根据天象观测的经验，寻找天体运行轨迹与人的旦夕祸福之间的规律和联系。所以，他们能够更有意识地总结出其中蕴含的规律，而非像中国古代那样大多停留于对现象的观察与记录上。

更准确地说，西方的占星术和科学，与当时天文学的关系错综复杂。早在古希腊时代，天文学家托勒密就把关于星空中的科学分为两大类，即理论性的和实用性的。公元7世纪，西班牙神学家圣依西多禄将这两个部分分别命名，理论性的叫做天文学，实用性的则称为占星术，这一观念在其后漫长的岁月里都具有巨大的影响力。占星术在当时的大学里属于必修课。许多闻名的天文学家，如哥白尼、第谷、开普勒、伽利略等，都修读过占星术课程。

占星术与天文学之间息息相关的关系，在开普勒身上得到了集中体现。开普勒是一个伟大的天文学家，他发现了后来以他名字命名的开普勒行星运动三大定律。然而事实上，开普勒的正式职业是占星术士，他是罗马皇帝鲁道夫二世的御用占星术士，主要工作就是为皇帝占星算命，这也是他终身从事的职业。他的遗稿中保存有800多张占星图。

与其他多数占星术士不同的是，开普勒精通数学。在他所处的时代，关于行星运动存在着两种学说，即托勒密地心说和哥白尼日心说。开普勒认真研究了丹麦天文学家、占星学家第谷长期的行星观测记录，并进行系统的数学推算，以图证明其中一种学说是正确的。但计算结果表明，托勒密地心说和哥白尼日心说都不正确。经过分析，他才意识到，托勒密、哥白尼二人的错误在于都认为行星运动的轨迹是圆或者复合圆的。然而事实上，行星是以椭圆轨道运行的。

开普勒本人对天文学与占星术的态度可以说是游离的。一

占星术与天文学之间息息相关，人们更有意识地总结其中规律

方面，在理性上，他不赞同占星术。他在《天文学更可靠的基础》（1601年出版）中表示不同意星体决定人的命运的观点，对占星术持怀疑态度："如果星相家有时讲对了，那应归功于运气。"他也反对皇帝只根据占星结果来做出决策。

另一方面，他对占星术又抱有一种典型的实用主义态度。他曾根据木星与火星的相合，成功预测了1609年3月1日的一场大冰雹。他还编写了一本1595年的星占历书，在书中预测这一年的大事有"好战的土耳其人侵入奥地利""这年冬天将特别寒冷"等，结果都算准确了。所以，他依靠占星术出版星历赚钱。开普勒曾经自嘲，若不是占星术为天文学家挣面包的话，天文学家便要饿死。当然，这应该与他窘迫的经济状况有关。开普勒结过两次婚，两个妻子共为他生育了12个孩子，所以家庭经济负担很重，以至其大多数孩子都因贫困而夭折。

其实从开普勒身上，也能看出占星术与天文学的区别。占星术和天文学都以天象观测为基础，但不同的是，天文学需要借助精确的计算来找出天体运行的规律，而占星术士则是依靠自己以往的经验和渊博的学识来对星象作出合于目的的解释。

一般说来，天文现象是客观存在的，不同的人对于同一天文现象的观测应该具有大致相同的结果，区别也就在于不同区域的不同视角或不同的气象条件。但对于占星术士来说，不同的占星术士持有不同的理论观点，且各自的经历、经验更是大相径庭，所以对于同一天文现象，不同的占星术士有着不同的解说。这是占星术和天文学最关键的一点区别：天文学结论是可验证的，占星术的则不能。如果某个占星术士的预测错了，他可以根据需要不停地补充自己的条件和假设，使得你根本无法反驳他的观点。

随着天文学的发展，许多占星术的观测现象都已经得到科学的解释。然而，天象的复杂和人类命运的无常，使得当今社会还存在着占星术生长的土壤。在一定范围内，占星术士还在继续其前辈的工作。

历法是天象观测最重要的成果

占星术的天象观测所带来的一系列成果中，和人们的生活关系最密切的就是历法。历法是根据天象制定的关于年月日的推算方法，是人们安排工作、生活必不可少的一种工具。世界上几乎各个民族都有自己的历法，比较典型的是以太阳为基准的阳历和以月亮为基准的阴历。

古代中国使用的是农历，又叫夏历或汉历，农历是阴历、阳历的结合。农历中的"月"以月亮运行为基准，"月"的概念有两个：其一，月球绕地球运行一周为一"月"；其二，月亮圆缺的一个周期称为一"月"。第二个含义的"月"又称"朔望月"，即把完全见不到月亮的一天称"朔日"，定为阴历的每月初一；把月亮最圆的一天称"望日"，为阴历的每月十五（或十六）。为了使用方便，年、月、日都是使用整数，但是，月亮绕地球运行一周的时间却不是整数，所以两个"月"的概念只是近似相当。

农历对"年"的规定则是以太阳为基准，以太阳连续两次通过春分点的时间间隔，即太阳中心自西向东沿黄道从春分点到春分点所经历的时间为一"年"，又称为"太阳年"或"回归年"。

农历规定每年 12 个月，一个朔望月的长度是 29.5306 日。农历按照月亮的圆缺，即朔望月安排了大月和小月制度，大月每月 30 天，小月每月 29 天。为保证每月的第一天（初一）必须是朔日，所以农历大小月的安排不固定，而是通过严格的观测和计算确定的。因此，农历中连续两个月是大月或小月的事是常有的，甚至还出现过如 1990 年 3 月、4 月是小月，9 月、10 月、11 月、12 月连续四个月是大月的罕见特例。

总体算起来，农历每年就是 354 天（准确数字是 29.5306×12＝354.3672 天）。这样就比回归年的天数 365.2422 日少了10.88 天（即将近 11 天），每个月少 0.91 天（近 1 天）。这样累积 17 年，就会发生季节的倒置（这也说明了，农历的月不具有季节含义）。比如，今年的春节是瑞雪纷飞，17 年后的春节就会成为炎炎夏日。这样的历法完全不适用于指引农民的生产活动，所以古代中国人才创造性地设置了 24 节气，这是根据回归年设置的，并以 24 节气指引农民从事农业劳作。节气表明了地球在轨道上的位置，反映了太阳的周年运动，最适合指导农事活动。因此，这种阴阳合历的中国传统历法就被称为农历。这种历法在农业大国产生，也是顺理成章。至今，依然有大量关于 24 节气指引农活的谚语，如"谷雨时节种谷天，南坡北洼忙种棉""小满小满，麦粒渐满"等。

为了克服农历的这个缺陷，古代中国人找出了"闰月"的办法，以保证农历年的正月到三月为春季，四月到六月为夏季，七月到九月为秋季，十月到腊月为冬季，也同时保证了农历岁首在冬末春初。这样，就使得农历的年尽可能接近回归年。

闰月的安排称为"置闰"，这是一项技术性很高的工作。简单地说，现今采用的是 19 年置 7 闰的办法，即在 19 年中安排 7 个闰月，这样，可以做到 19 年内的农历和阳历只相差 0.0892（天），即 2 小时 9 分多，这已经足够精确。

而到底在哪一年哪一月置闰，则根据 24 节气来安排。农历把 24 节气中排列第 1、3、5 等奇数的称为"节"，排列第 2、

4、6等偶数的称为"气"。

虽然我们都是把正月初一作为（农历）一年的开始，但是在置闰上，却是以冬至为始终。规定：首先计算出两个冬至之间的岁实长度，然后排定历月，再看两个冬至之间除去两个冬至所在月外有多少个整月（只能是11个或者12个）。如果只有11个整月，则无需置闰，即使出现无"气"的月，也无需置闰。如果有12个整月，则需置闰，此时置闰依照"无'气'规则"，把闰月增加到没有"气"的月份后面，称为"闰某月"。

例如2001年5月21日，农历四月二十九日是"气"小满，再隔一个月后，6月21日，农历五月初一才是下一个"气"夏至，而当中这一个月（2001年5月23日至2001年6月20日）没有"气"，就定为闰月。因为跟在四月后面，所以叫闰四月。如果这一年有两个没有"气"的月，那么只在前一个月后置闰。

阳历，又称公历，意即"公用的历法"，是包括中国在内的大多数国家通用的历法。阳历是以地球绕太阳公转的运动周期为基准而制定的历法，全称叫做"太阳历"。阳历的历年以接近回归年为标准，一年分为12个月，但这个"月"与朔望月无关。阳历的月份、日期基本都能与太阳在黄道上的位置较好地吻合。阳历的日期能够清楚表示一年四季冷暖寒暑的变化情况，月份却不能表示月亮的朔、望、两弦情况。

阳历的发端以太阳和天狼星为共同基准。

大约 7000 年前，古埃及人发现，当天狼星第一次和太阳同时升起，之后再过五六十天，尼罗河就开始泛滥，于是他们就以这一天作为一年的开始。按照今天的历法，这一天是 7 月 19 日。

最初，古埃及人规定一年为 360 天，后来通过对天狼星的观测，把一年修正为 365 天。所以，历法史上把 365 日称为"天狼星年"。天狼星年与回归年有 0.25 天的差数，古埃及人后来也发现了这一点。但是，当时的僧侣为了维护宗教的"神圣"地位，使埃及的节日能与祭神会同时举行，他们选择的应对方案是"移年"。这个"移年"，就相当于中国农历中的置闰。

出土文物上用埃及文和希腊文记录了欧吉德皇帝在前 238 年发布的一道命令：每经过四年，在第四年的年末五天祭祀日之后、下一年元旦之前再加一天，并在这天举行欧吉德皇帝的节日庆祝会，以便让大家记住。欧吉德皇帝校正了以前历法的缺陷，把增加一天的年叫"定年"，其他年叫"不定年"。

其后两千多年，阳历的演进和精确化多是围绕"移年"进行的。虽然"移年"的设置从根本上说是天文观测结果对历法提出的要求，但是，在具体的设置方案上，即到底设在哪一天，却实在与天文学没有一点关系。

阳历，又称公历，是包括中国在内的大多数国家通用的历法

　　这里第一个要提到的是罗马共和国晚期执政官儒略·恺撒。他根据希腊数学家兼天文学家索西琴尼的计算结果，于公元前45年1月1日起开始推行一种新的历法，此历法将一年分为12个月，大小月交替。因为古罗马人认为奇数吉利，偶数不吉利，所以将奇数月，即1、3、5、7、9、11月定为大月，每月31天；偶数月，即2、4、6、8、10、12月定为小月，每月30天。这样每年就有366天，比实际年日多了一天。当时古罗马人处决犯人多选择在2月进行，人们普遍认为这个月更加不吉利，希望它短一些。于是，多出的这一天就从2月中减除，因此2月就只有29天。历法还规定每隔3年设一个闰日并放在2月，使得当年的一年成为366天。这样，一年的平均时长为365.25天。这在历史上被称为儒略历。

　　儒略历对于每年的月份也进行了定名，分别是：

　　1月，January 的名字来自古罗马神话的双面神雅努斯。

　　2月，February 的名字来自古罗马的节日 Februa。

　　3月，原名 Martius，March 的名字来自古罗马神话的战神玛尔斯。

　　4月，原名 Aprilis，April 的名字来自古罗马词 Aperire，意思为"开始"，意味着春天开始。

　　5月，原名 Maius，May 的名字来自古罗马神话的花神玛亚。

6 月，原名 Junius，June 的名字来自古罗马共和国的创始人 Junius。

7 月，原名 Quintilis，后改 July。古罗马历只有 10 个月，且从 March 开始，所以这是第五月，原名是"第五"的意思。因为恺撒是这个月出生的，元老院一致通过，将此月改为恺撒的名字"儒略"。

8 月，原名 Sextilis，后改 August。在公元前 8 年，Sextilis 这个月以古罗马第一位帝王奥古斯都（Augustus）命名。Sextilis 是古罗马历第六日，也是拉丁语"第六"的意思。

9 月，September 是拉丁语"第七"的意思。

10 月，October 是拉丁语"第八"的意思。

11 月，November 是拉丁语"第九"的意思。

12 月，December 是拉丁语"第十"的意思。

凯撒的继任者，也是他的外甥（凯撒姐姐的儿子）屋大维上任后，实行了更彻底的独裁，使自己成为罗马唯一具有无限权力的统治者。正是在屋大维手中，罗马共和国成为罗马帝国。

屋大维追求与凯撒齐名。凯撒所出生的月份是 7 月，7 月以凯撒的名字命名，且为大月。屋大维出生在 9 月，但他在 8 月被罗马元老院授予奥古斯都的尊号，意思是神圣、庄严和崇高。因此屋大维决定用他的尊号来命名 8 月，改 8 月为

August，并改 8 月为大月，其后的大小月再依次更替，即 8 月大、9 月小、10 月大、11 月小、12 月大。

这样一改，一年又多出了一天。这多出的一天又从倒霉的 2 月中减除，于是，2 月就只剩下 28 天。

同时，屋大维还纠正了一个低级错误。实际负责制定历法的祭司把儒略历规定的"每隔三年设一个闰日"误解为"每三年设一个闰日"，如此，从前 45 年、前 42 年、前 39 年、前 36 年、前 33 年、前 30 年、前 27 年、前 24 年、前 21 年、前 18 年、前 15 年、前 12 年、前 9 年都是闰年，比儒略历实际日期多出了 3 天。为了纠正这一错误，屋大维规定，取消其后三年，即公元前 5 年、公元前 1 年、4 年这 3 年的闰年，以补正累积误差的天数。此后，则按儒略历原来的规定，每四年设置一次闰年。

经过屋大维修正的儒略历已经基本和现在所使用的历法一致，但其中的一个小问题却惹来了大麻烦。当时把 3 月 21 日固定为春分日，然而，严格说来，真实的回归年长度并非儒略历规定的 365.25 日，而是比这个时间少 11 分 14 秒。这个差数看似很小，但长年累积的结果也是一个不小的数字，相当于每隔 128 年就差一天。这样一直延续到 16 世纪，时间相差达到 10 天之多。所以，1582 年 3 月 1 日，当时的教皇格里高利二世发布改历命令，其主要内容是：

一、1582 年 10 月 4 日后的一天是 10 月 15 日，而不是 10 月 5 日，星期序号仍然连续计算，10 月 4 日是星期四，第二天 10 月 15 日是星期五。这样，就把从公元 325 年以来积累的老账一笔勾销了。

二、为避免以后再发生春分飘离的现象，改设置闰年的方法为凡公元年数能被 4 整除的是闰年，但当公元年数后边是带两个"0"的"世纪年"时，必须能被 400 整除的年才是闰年。

这个历法被称为格里高利历，这才是我们直到今天还在使用的历法。格里高利历的历年平均长度为 365 日 5 时 49 分 12 秒，比回归年长 26 秒。照此计算，每隔三千年左右仍然会产生一天的误差，但已经相当精确。毕竟，这比为了追求实质上的精准，规定每一年的某一天的某一小时某一分钟减少 26 秒，实际运作起来要简单得多。

从前面的叙述中，读者也许会有一种强烈的感觉：虽说历法是依据天文观测的科学资料确定的，但在具体的历法规制上，却有太多人为的痕迹。这种感觉是准确的，在中外历史上，这样的史实非常多。究其原因，或许在于历法与人们生活的关系过于密切，权威人物将更改历法或在历法上留下自己的特点，作为一种统治权的象征。如中国古代新皇登基后，做的第一件事情就是更改年号、变更纪年规则。

18世纪末的法国大革命中，为了表示彻底的革命性，雅各宾党全国大会上决定废弃由教皇确定的历法，改使用"共和历"，即以法兰西第一共和国诞生之日为"共和国元年元月元日"，即1792年9月22日，将一年分为12个月，每月30天，每月分为3周，每周10天，废除星期日，每年最后加5天，闰年加6天。

诗人法布尔·德格还给每一个月取了一个美丽的名字，即芽月、花月和牧月（春季），获月、热月和果月（夏季），葡月、雾月和霜月（秋季）以及雪月、雨月和风月（冬季）。添加到九月的其他5天（闰年6天）另有名称，分别是道德日、才能日、工作日、舆论日、奖赏日和革命日。

共和历还实行十进位制，一旬为10日，一日为10小时，一小时为100分钟，一分钟为100秒。这与传统的历法相差太大，也与人的生活无法吻合，所以存留了二十多年就被废除了。当时，拿破仑·波拿巴要求教皇承认其称帝加冕，自己则废除共和历，恢复使用格里高利历。后来巴黎公社曾短暂恢复使用过大革命历法。

我们现在使用的公历纪年，则是受基督教的影响。基督教产生于1世纪的巴勒斯坦，随后得到广泛传播。为了扩大教会的势力，525 年，一个叫狄奥尼西的僧侣提出，将耶稣出生年，即古罗马狄奥克列颠纪年之前的 284 年作为起算点的纪年方法，这个主张得到了教会的支持。532 年，教会把狄奥克列颠纪年之前的 284 年作为公元元年，并将此纪年法运用在教会中。这就是公元纪年的来历。

第四章

巫术：注重对人心理的把握

　　巫术最直观的表现是仪式化，通过歌舞或其他具有极强视觉效果的表演形式，展示其整个操作。巫术的目的在于通过某种仪式表演，宣称可以利用和操纵某种超人的力量，对人的生活或某种自然现象施加影响，从而满足自身目的。

巫术的心理效果

　　巫术源远流长，颇有生命力。即使在 17 世纪的西方，魔鬼和巫婆仍然是人们生活中不可或缺的存在。当时，人们普遍认为魔鬼是饥饿、战争、瘟疫和灾难的根源，它们不但恐吓孩子，还做一些恶作剧，比如，阻止搅拌后的奶油凝固成为黄油。巫婆则是魔鬼的帮凶，是一个全身涂满油彩的人，会吞噬人们的牲畜，甚至把人变成狼。闲暇时，巫婆会骑在一把扫帚上，在天空飞舞。

世界上各个民族几乎都有巫术的存在，各国各民族的巫术都各有其特点，但总体说来，"降神仪式"和"咒语"几乎是所有巫术的"规定动作"。

巫术认为，人、事、物之间存在某种关系。这种关系可能是现实存在的，但往往是人观念上赋予的。通过利用或操纵这种关系，可以使其符合人的目的，实现为人所用的结果。巫术所渴求的目的一般属于求吉避凶类型，比如中国古代的祈雨，就是通过某些神秘的巫术，以图实现天降甘霖的目的。

巫术最让人诟病的是为了避凶,往往不惜采用嫁祸的手段。比如当有人患病时，某种巫术就认为，把一枚钱币或其他有价值的物件放在患者病患处，再将这枚钱币或其他物件扔在大路上，让贪利之人捡走，那么，病患就会转移到捡钱的人身上，而原来的患者就会痊愈。

中国历史上的巫蛊，就是一种典型的专以害人为目的的巫术。它采用诅咒、射偶人（偶人厌胜）和毒蛊等方式加害仇敌，以使其遭祸或死亡。所以，巫术与炼金术或占星术相比，给人的印象更为邪恶，甚至被认为是以害人为目的。中国历史上对于行使巫蛊之术之人的惩罚是非常严厉的。如汉朝法律规定：如果某人饲养的蛊虫已经成形并且致人死亡，这个人要被处以极刑，其家人流放三千里。

巫术的一个特点是表演性，所以巫术也成为艺术史研究的对象。然而，从我们所讨论的话题来看，这种表演性传达的是巫师通灵通神的信息，这就使得巫术具有很强的神秘性。虽然学界对巫术的起源存在种种不同的说法，但一般认为，作为对自然现象的一种探究，巫术与科学难免有种种剪不断的关系。

英国人类学家马林诺夫斯基说："巫术能给原始人一种坚信，坚信他有成功的力量，又给他精神的实用技术，在普通方法不中用的时候来运用。巫术能使人在进行最重要的业务时有信心，在困难的情形之下保持心理的平衡与完整。"

这段话有两点值得注意。

第一，人并不是在任何时候对任何事都采用巫术，只有"在普通方法不中用的时候"才求助于巫术。面对浩渺的大自然，我们的祖先有太多无能为力的事，所以，各种形式的巫术就大行其道。但是，不能认为今天的科学技术已经相当发达，巫术就没有市场了。因为，人永远都会有"普通方法"无法解决的问题，所以，巫术也不可能轻易退出历史舞台。

第二，巫术给人以一定的心理影响。巫术以其神秘性给人解决问题的信心。至于事实上它是否能够解决这个问题，并不重要。重要的是，让人们相信它能解决这个问题，由此给人希望，

作为对自然现象的一种探究，巫术与科学难免有种种剪不断的关系

使人在一定程度上免除因无力而产生的烦躁、焦虑、失望等负面情绪，为找寻其他解决办法赢得一个相对正常的心态。

在中国的种种巫术中，祝由术是一种在医学，尤其是心理治疗方面有一定作用的巫术。祝由之祝，即祷告、敬祝、恭敬；由，病由，即生病的原因。连起来讲，就是恭恭敬敬地查明生病的原因，以达到治病的目的。然而，祝由的治病方法并非（至少主要不是）采用医药，而是用各种符咒来驱逐病因，所以本质上是一种巫术。

作为巫术，祝由术同样具有强烈的神秘色彩。比如，在施法之前，祝由师需要清净斋戒百日以示恭敬。古人认为致病的原理是"鬼神致病说"，所以采用符咒来驱鬼祛病。中国有一句古话，叫做"疑心生暗鬼"，意思是鬼能够侵扰你的身体，原因在于你心理方面有毛病。巫师通过巫术探得患者生病的原因（事实上是否真的是致病原因，则是另一回事），然后以神谕的名义告诉患者可做或不可做的事项，以减轻患者的心理压力和精神负担，尽可能让其保持积极乐观的情绪。

巫师对患者所说的话必须针对患者的实际情况，即"对症"，希望尽可能符合患者所思所想，以获得其信赖，这样才能产生一定的治疗效果。在这个过程中，巫师无论是出于职业责任还是金钱收益或者名誉声望的考虑，都要在了解患者的心理需求上花费心思。这就有了心理学研究的意味。

今天我们已经清楚，病有身病，也有心病，病因也有生理和心理两类。即使对于很明确的器质性疾病，除了相关的药物治疗，心理上的正确治疗也是一个重要方面。所以，祝由术几乎"侵入"中医各科，至今，仍被用于癌症患者的心理治疗中。当然，今天的祝由术已经抛弃古有的神秘和符咒内容，而成为一种单纯的心理治疗方法。

巫术阻碍了科学的进步

从科学史的角度看，最有名的巫术派别当是以著名数学家毕达哥拉斯名字命名的学派——毕达哥拉斯学派。

古希腊时代，毕达哥拉斯学派是一个颇具神秘主义色彩的学派。凡加入这个学派的人，都必须宣誓永远保守团体的秘密，并遵循许多禁忌，如不穿毛纺衣服、不吃肉和豆子、不走大路、不接触白色公鸡、不用铁器扒火，等等。团体内更流传许多关于毕达哥拉斯个人的神秘传说，比如，同一天同一时候，许多人声称在梅塔庞塔姆看见了他，另一些人则说在克罗托内也看见了他。毕达哥拉斯的一条腿肚子据说是金子做的。有一次，毕达哥拉斯过河时，河神站起身来向他问候："你好啊，毕达哥拉斯。"

　　毕达哥拉斯本人也有意无意地渲染这种神秘性。据古希腊历史学家色诺芬记载，有一次，毕达哥拉斯看见有人正在打一只狗，连忙喝止："别打了，我从他的声音中已认出，我朋友的灵魂是附在了这条狗身上。"

　　毕达哥拉斯的哲学观认为，世间万物都是由数构成的。数，是所有万物的本质。因而，毕达哥拉斯学派对数进行了大量深入的研究。只是，他们也遵循古希腊人的文化传统，主要研究数的性质、数的关系等数的理论，而不关心数的运算等实用技巧。

　　毕达哥拉斯学派在数的研究方面作出了一定贡献，他们发现：当一个直角三角形的两条直角边分别是 3 和 4 时，那么，该直角三角形的斜边一定是 5。他们对此发现简直欣喜若狂，毕达哥拉斯甚至特意宰杀了 100 头牛来祭奠缪斯女神，以感谢她对学派的眷顾和启示。

　　事实上，这一现象的最早发现者并非毕达哥拉斯。中国古算书《周髀算经》中就记述了，约公元前 1000 年，商高在对周公姬旦的回答中就已经明确提出"勾三、股四、弦五"。美索不达米亚平原出土的楔形文字泥板书研究表明，比毕达哥拉斯早 1000 多年，古代巴比伦人也发现了这样一个规律。

　　无论是古巴比伦人还是中国的商高，他们所看到的都是具体的个案，只有毕达哥拉斯学派严格证明了："直角三角形两条直角边的平方和等于斜边的平方。"所以，数学界将这一发现称为"毕达哥拉斯定理"。

然而，造化弄人！毕达哥拉斯学派这一伟大的发现，却给该学派的根本主张带来致命的打击，也让该学派在人类文明史上留下了非常可耻的一笔。

公元前500年左右，毕达哥拉斯学派的弟子希伯索斯发现，一个正方形的对角线与其一边的长度是"不可公度"的（若正方形的边长为1，则对角线的长不是一个有理数），这一不可公度性与毕达哥拉斯学派的"万物皆为数"（指有理数）的哲理大相径庭。

为了使读者理解希伯索斯所说的"不可公度"的含义，此处笔者作进一步的说明。正方形的对角线把一个正方形分成了两个全等的直角三角形，正方形的边长就是直角三角形的一条直角边，正方形的对角线就是直角三角形的斜边。问题在于，如果正方形的边长是1，也就是直角三角形的两条直角边都是1的时候，正方形的对角线，也就是直角三角形的斜边，会是多少呢？

希伯索斯根据毕达哥拉斯定理进行了运算，发现"算不出来"。更准确地说，是算出来的结果完全无法表现。这一发现在学派内部造成极度的恐慌。按照毕达哥拉斯的学说，数是万物的根本，那么这个根本是应该能够表现出来的。事实上，在这之前，该学派似乎也做到了这一点，他们能够把所有的数字都用整数和分数加以表现。

现在出现了他们无法表现出来的数，这就意味着他们当时对于数的认识是存在严重缺陷的。一个很容易得出的推论是：既然数本身就有这样严重的缺陷，它怎么可能成为世界的本元？

此时的毕达哥拉斯学派采取了一个不但不科学，甚至非常邪恶的应对方案。这个方案也体现出科学与巫术在行为方式上的区别。科学的态度应该是，根据新发现的事实对现有的理论进行修正或完善；巫术和其他非科学的做法则是担心新发现颠覆了以往自己所认同的某种理论，为了维系理论的正统，不惜置新事实于不顾，而将矛头对准新事实的发现者。毕达哥拉斯学派选择的做法正是后者。他们试图掩盖事实。组织要求希伯索斯不得公开这一发现。希伯索斯意识到自己闯了大祸，选择逃亡。不幸的是，在逃亡路上，该学派的信众还是发现了他，并将其扔进水中杀害了。

可悲的是，像希伯索斯这样的悲剧此后不断重复，许多仁人志士都因为追求真理而被残忍杀害了。为了纪念希伯索斯，后人把他所获得的这类数字称为"无理数"，相应的，毕达哥拉斯学派当时已经深入研究过的整数和分数就被称为"有理数"。

今天我们知道，希伯索斯所发现的就是无理数 $\sqrt{2}$。无理数的发现促使人们意识到，依靠感觉和经验所达成的知识是不可靠的，更加需要理性的证明。历史上，也并不是只有希伯索斯才发现了 $\sqrt{2}$，巴比伦人也发现了。但是，巴比伦人对这一复杂问题的处理则采用了实用的、简单化的方法，即取近似值。比如，认为 $\sqrt{2}$ 就是 1.4，而 1.4 的平方是 1.96，比较接近 2；如果取 $\sqrt{2}$ 为 1.41，那么其平方值为 1.988，就更加接近 2 了。然而，无论选取小数点后多少位，都肯定没有一个有理数的平方刚好是 2。对此，巴比伦人就管不了那么多了。

古希腊人却不满足于这种近似的估算。在他们的观念中，数学是一门精确的科学，所以，他们一直努力寻求无理数的准确表达。他们采取的做法是将数字几何化，即画一个边长为 1 的等腰直角三角形，那么，该三角形的斜边就是 $\sqrt{2}$。比如，要计算数字 3 和 $\sqrt{2}$ 的乘积，希腊人会画出一个长和宽分别为 3 和 $\sqrt{2}$ 的长方形，这个长方形的面积就是 3 和 $\sqrt{2}$ 的乘积。

无理数问题困扰了数学界两千多年。1872 年，德国数学家戴德金从连续性的要求出发，用有理数的"分割"来定义无理数，并把实数（有理数和无理数）理论建立在严格的科学基础上，才结束了无理数的"无理"时代。

第五章

宗教：与科学的复杂关系

宗教和科学是两种完全不同的东西。宗教和科学都是人类找寻出来的解决问题或假释疑惑的方式，所以，它们之间难免会产生交集，冲突也就在这之中产生。从历史上看，宗教和科学的关系存在四种形态。然而，科学史的发展也表明，宗教在科学研究中的积极作用也在于信仰这种精神魅力。

宗教与科学的复杂关系

第一，如果说巫术、占星术、炼金术等是一种技术性的东西，其真伪可通过采用技术性的手段予以判定，而宗教则完全依托信仰的力量。信仰这种东西，本身就是非理性的，所以很难从道理上阐述这个话题。

第二，谈论宗教是政治上的敏感话题。我们可以指责巫术

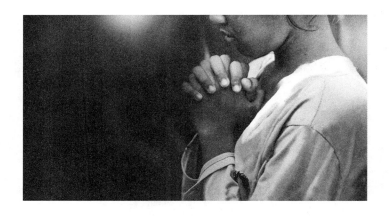

宗教是一种信仰，谈论宗教，必须秉持严谨、严肃的态度

等是错误的而基本没有政治风险，但宗教不一样，世界上绝大多数的国家，包括中国，都肯定了宗教存在的合理性，并在法律上规定了宗教信仰的自由。因此，谈论宗教，必须秉持严谨、严肃的态度。

第三，我们认为宗教与科学存在种种本质上的不同，无可否认的是，包括牛顿在内的许多科学家都是有宗教信仰的。牛顿说过："我的一生，就是在为证明上帝的存在而工作。"即使在今天，许多享有盛誉的大科学家依然是虔诚的宗教信徒。

然而，科学和宗教毕竟是两种完全不同的东西。简单地说，宗教是诉诸信仰——接受模式，你相信这种宗教，就应该接受这种宗教的教义、教规等一切；科学则是诉诸理性——认同模式，它通过严谨的道理，说服你认同它的结论。最重要的是，科学鼓励和支持对它的任何结论持怀疑态度，如果你有足够的道理推翻它的任何结论，它不但会照单全收，而且会给你嘉奖。

当然，这也只是一种简单的表述。宗教和科学都是人类所找寻出来的解决问题或假释疑惑的方式，所以，它们之间难免会产生交集，冲突也就在这之中产生。

宗教和科学关系的四种形态

从历史上看，宗教和科学的关系存在四种形态。

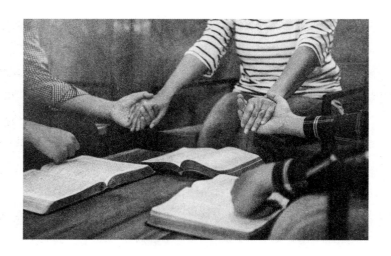

宗教诉诸信仰，你相信一种宗教，就要接受
这种宗教的教义、教规等一切

第一，各不相干。

宗教的起源，至少宗教意识的起源，应该说要比科学早得多。比如，人们无法回避的关于死亡的话题，就给了宗教很大的发展空间。虽然古希腊时代已经出现明确的科学意识，但当时的科学还着眼于对人的知性的探讨上。毕达哥拉斯以数作为世界的本元，虽然已经进入本体论的范畴，但无论是科学还是宗教，当时都还处于很原始的阶段，有着各自的拓展空间，所以两者可以并行不悖。

20 世纪，人们认为，对于上帝的信仰与对于物理世界的认识根本就是两回事，宗教（准确地说，是基督教）的工作就在于阐发《圣经》的启示。神学思想家卡尔·巴特在其巨著《教会教义学》中把这一观点付诸实践，全书刻意回避了任何与科学有关的观点和方法，仅以基督教会的信经为基本论题，阐述了五个基本信义，即上帝论、基督论、圣灵论、教会论和救恩论。

第二，尖锐冲突。

冲突的直接引爆点就是哥白尼的日心说。在这个冲突中，教会利用它的权势对科学进行了强力的打压。然而，科学毕竟是科学，最后的结果是教会一败涂地。其后，达尔文的进化论也使得上帝造人的说法丧失了"理论基础"（关于这方面，本书将专章讨论，这里不赘述）。

需要说明的是，近代科学的成功给宗教的打击完全可以称得上毁灭性，不少唯物主义哲学家甚至发出了取消宗教的声音。

第三，强调分家。

按一般人的理解，既然"上帝造人""地球是宇宙的中心"等天主教的核心概念已经被科学否定，那么，天主教的"大厦"（基础）也就应该坍塌了。结果当然不是这样，因为宗教与人的关系确实是太复杂了。

首先，信徒根据科学的发展对宗教教义作出了新的诠释。比如，伊甸园的故事并非说上帝创造了人这么一个生物体，而是告诉人们一些规矩，比如羞耻心、人与自然的和谐相处等。宗教并不试图回答"怎么样"的问题，只回答"为什么"的问题，而且从一个最根本的层面上解答人们的困惑。

实际上，这涉及人为什么需要宗教这样一个深刻的理论问题。宗教起源于人的无知以及由无知产生的恐惧，所以，宗教给人提供的最大帮助在于精神上的慰藉。一个虔诚的信徒，可以从宗教里获得宁静和希望。虽然后来人的认识能力不断增强，而且许多东西都能通过科学作出唯物主义的解释，但总体来说，人类依然面临着太多未知。

爱因斯坦曾有一个表述，大意是人所知道的东西构成一个圆，人们不知道的东西就围绕着这个圆周。人知道的东西越多，这个圆就越大，但圆周也越长，围绕着圆周的未知也就越多。

　　科学，至少目前尚不是无所不能的，应该说永远也不可能做到无所不能。从最直接的效果而言，科学主要还是在于解决人与物的关系问题，在许多非物质的层面如感情方面，科学的效果还未能凸显出来。所以，在人们的精神层面，宗教依然牢固地占据一席之地。

　　另一方面，宗教本身也随着社会的进步不断被完善。像天主教之类在世界范围有影响力的宗教，其基本教义在于匡扶世道人心，引人向善向上，而其中的忏悔更是鼓励人们自省，这都是宗教存在的积极意义。

　　第四，试图融合。

　　典型的例子是中世纪哲学家、神学家托马斯·阿奎那。13世纪的经院哲学已经颇成体系，而科学也借助《几何原本》（古希腊数学家欧几里得所著的一部数学著作）的影响力深入人心。所以，阿奎那试图对两者加以融合，以"科学"的方法来阐明神学的道理。

　　阿奎那提出，信仰和理性是两种不同却又互相关联的获取知识（认识）的途径。研究科学需要信仰和理性，研究神学同样需要信仰和理性。他主张运用理性来理解有关天主的真相，并且透过真相获得最终的救赎。

阿奎那认为，天主的存在并非不证自明，但也并不是无法证明的。他在《神学大全》一书中试图证明天主的存在，而他的具体证明方法含有明显的《几何原本》的印迹。

他首先提出了五个天主可能具有的属性。

第一，天主是简单的，没有各种组成的部位，例如身体灵魂、物质或形式。

第二，天主是完美的、毫无破绽的。天主与其他事物的差异在于完美无瑕这个特征上。

第三，天主是无限的。天主不像其他事物一般有着实体上、智能上或情绪上的限制。但这个无限与体积或数量上的无限并不相同。

第四，天主是永远不变的，其本质和特征是无法改变的。

第五，天主是一致的，天主自身并没有多样的特征存在。

这显然类似于《几何原本》的公理。其后，他从五个方面证明天主是存在的。

其一，从事物的运动和变化方面论证天主的存在。事物的运动和变化都是由其他事物引起的，但第一个事物的运动和变化是哪里来的？因而，必然存在一个不受其他事物推动的第一推动者，那就是天主。

其二，从动力因的性质方面论证天主的存在。现实世界中存在一个动力因的秩序，然而，我们却找不到一个自身就是动力因的事物。这个自身的动力因，或说第一动力因，就是天主。

其三，从可能性与必然性方面论证天主的存在。事物的存在不仅是可能的，而且一些事物的存在还具有必然性。这些必然存在的事物，其必然性是由其他事物引起的。由此上推，就不得不承认有一个东西，它自身就是自己存在的必然性，这就是天主。

其四，从事物中发现的真实性的等级方面论证天主的存在。一切事物都存在美好、真实、尊贵等等级上的差别，那么一定存在一个最美好、最真实、最尊贵的事物，这个事物也只能是天主。

其五，从世界的秩序或目的因方面论证天主的存在。人或其他生物，其行为总带有一定的目的性。整个世界就是由一个指挥者指挥着，按照一定的目的、遵循一定的秩序活动着。那么，这个指挥者是谁？当然是天主。

从今天的角度看，阿奎那的论证无疑是牵强且缺乏说服力的，他只不过是采用仿科学的方法（准确地说，是仿《几何原本》的方法），为天主的存在寻找一些理由。然而，这种有明确意识的仿照已经足以说明神学界对科学思想的重视：天主或上帝已不是一个单纯的信仰问题，而是要力图诉诸理性，寻求科学

天主或上帝已不是一个单纯的信仰问题，
而是要力图诉诸理性，寻求科学的证明

的证明。

从文明史角度看，这无疑体现了一种进步，即反映了人们对于理性的尊崇。我们今天已经意识到天主（或上帝）存在或不存在的问题，至少目前都无法用科学或哲学的方式予以证实或证伪，这只能是一个诉诸信仰而非诉诸理性的问题。但是，今天对于宗教观念的这种信仰认识，与阿奎那之前的信仰认识已经有本质的区别。

今天，关于科学与宗教融合的声音主要还是来自于科学家。科学发展到今天，已经深深意识到自己的"无能"，比如人类的死亡，如果按照纯科学的理解，那就是一种不可逆的毁灭的物理现象。然而，这样一种"科学"的解释不但让人很难接受，而且从更深层次分析，它对于现世的人所引发的一系列负面问题，比它所解决的这个物理学问题要复杂得多。虽然今天可以借助技术的进步给人们的物质生活带来极大的丰裕，但是，我们却很难相信自己的内心也因此获得了相应的充实感。由于技术效应的双重性，环境和核武器等甚至造成了人类的普遍恐慌。

所以，科学家也希望宗教能够向科学提供帮助，并努力推进两者的对话。恰如本书的主题，科学能够改变人的生活，然而，宗教却可以改变人的生命。对于一个虔诚的宗教信徒而言，他对生命意义的理解，乃至于他对于生命的处置方式，都与其宗教信仰密切相关。

　　对于中国人来说，最困惑的一个问题是：既然科学已经无可辩驳地证明人不是上帝创造的，那么，为何一些声名卓著的科学家还会信仰宗教？他的关于上帝造人的宗教信仰与关于进化论的科学知识研究，是如何做到协调统一的？

　　其实，严格来说，所谓"无可辩驳地证明"的说法本身就是武断的。就算世人已经普遍接受关于人类起源的进化论观点，但是，作为以探究终极原因为己任的宗教，它依然在世界起源这个议题上享有相当的话语权。目前最流行的科学观点是所谓的大爆炸宇宙论，即宇宙起源于一次大爆炸。且不说这一理论本身缺乏严密的科学确证，就是这一假说本身，那种神秘的大爆炸的一瞬，类似于牛顿的上帝第一推动之说，同样成为人们愿意考虑的一个选项。

　　另一方面，宗教本身也因应科学的发展而有了相当大的改变。神学家仍在宣讲上帝造人之类的教义，但从本质上讲，他们已经放弃以神学观点来解释自然现象。他们普遍采取的态度是不再认为通过对自然的研究可以加深人们对上帝的认识，而是认为，正是由于对上帝的信仰，促进了世人对自然的研究。许多大科学家就是从这个角度坚持自己的宗教信仰的。

　　1988 年 6 月，在梵蒂冈举行的"当代神学与科学对话"的国际会议上，时任教皇约翰·保罗二世就表态说："科学可以使宗教免于谬误和迷信；宗教也可以使科学免于偶像崇拜和虚假的绝对主义。它们彼此可以把对方吸引到更广大的世界之中，在这个世界之中，二者都可以兴旺。"

科学史的发展也表明，宗教在科学研究中的积极作用也在于信仰这种精神魅力。

第一，科学研究本身很难说有多么强的功利性，尤其是一些纯理论研究。在当年那个时代，或许可以为研究者带来荣耀或某些桂冠，但未必能带来现实的物质利益。第二，科学研究是一件很辛苦的事情，且具有极大的风险。在这个问题上，真不能说"有多大投入就有多大收获"，机缘、运气、灵感等难以琢磨的因素都在科研活动是否成功中起着相当大的作用。所以，一个人要投入科学研究，一定需要对科学研究有一种信念、执著。这方面，许多大科学家都坦率地承认：是宗教或上帝，赋予了他们这种信念和执著。

比如，哥白尼的日心说给了天主教致命的一击，但哥白尼却虔诚地信奉上帝。他研究天文学的目的就在于更好地理解上帝。他在其划时代著作《天体运行论》中引用了柏拉图的话——"任何人缺乏关于太阳、月亮和其他天体的必不可少的知识，都很难成为或被人称作神职人员"，从而得出结论——天文学"与其说是人文的倒不如说是神灵的科学"。

再如，弗兰西斯·培根是实验科学的创始人，他认为科学研究应该使用以观察和实验为基础的归纳法。然而，他依然认为："感觉犹如太阳，展示了大地的面貌，却遮掩了天国的情况。" 因此，人类要想获得真正的、可靠的知识，必须"抛弃人类理性的小舟，登上教会的大船，只有这只大船才有正确地指出航程的神圣的指针"。

牛顿就更不用说了，前面已经引述，他说过："我的一生，就是在为证明上帝的存在而工作。"他在其《光学》一书中也说："自然哲学的主要任务，是从现象出发，而不是臆造假说，从结果推到原因，一直推最初的第一因，这第一因肯定不是机械的……从现象中不是可以看出有一位神吗？他无实体，却生活着，有智慧而无所不在。他在无限空间中，正像在他的感觉中一样，看到万物的底蕴，洞察万物，而且由于万物与他混合无间，还能从整体上领会万物。"

宗教对科学的压迫

宗教对科学的压迫集中体现在天主教对于哥白尼日心说的态度上，这也被认为文明史上宗教和科学第一次根本性的短兵相接。但历史上，宗教对于科学的迫害绝非仅此一例，而是比比皆是。

　　这里再举一例。比利时医生、解剖学家安德烈·维萨里出生于一个医学世家，平日阅读大量医学书籍。维萨里发现，当时流行的盖伦所著的解剖学指南《论解剖程序》中有一个致命的缺陷：盖伦没有进行过任何人体解剖，只是做了动物解剖。因为他先验地认为，两者在解剖学上是相近的。维萨里不满足于这个结论，认为必须亲自进行人体解剖以了解人体的构造。

　　根据当时的习俗、法律和教义，维萨里根本不可能获得人的尸体，当然也就无法进行实际解剖。于是，他到刑场去偷被处决后无人认领的尸体进行解剖。由于有亲自解剖人体的经验，在法国巴黎医学院就读时，维萨里就指出过盖伦的错误。有一次，他拿着自己解剖的一个标本去询问老师西尔维："盖伦讲人腿的骨头是弯的，我们每天直立行走，腿骨怎么会是弯的呢？你看这解剖出来的也是直的啊！"西尔维支吾了半天，强词夺理地辩解说："恐怕盖伦还是没有错，现在的人腿直，只不过是后来穿窄腿裤之故。"维萨里听完哭笑不得。

　　维萨里陆续指出的前人关于人体结构的错误观点还有：心脏有四个腔，肝有两叶，血管是起源于心脏而不是肝；下颚只有一根骨头，而不是两根；血液并不流过心房中隔。

　　1543 年，维萨里主持了一场公开的解剖课，解剖对象是一位来自瑞士巴塞尔的罪犯。在其他外科医生的协助下，维萨里收集了所有骨骼，并组合成骨骼系统捐献给巴塞尔大学。这个标本是维萨里唯一留存至今的标本，也是世界上最古老的解剖学标本，现在还在巴塞尔大学的解剖学博物馆中展出。

1543 年，维萨里的划时代巨著《人体的构造》一书出版。在序言中，维萨里写道："我在这里并不是无端挑剔盖伦的缺点。相反地，我肯定了盖伦是一位伟大的解剖学家，他解剖过很多动物。限于条件，就是没有解剖过人体，以致造成很多错误，在一门简单的解剖学课程中，我能指出他两百种错误。"

该书把人体的内部机能看作一个充满各种器官的三维物质结构，解剖学应该研究活的而非死的结构。人体的所有器官、骨骼、肌肉、血管和神经都是密切联系的，每一部分都是有活力的组织单位。《人体的构造》一书也展示了人的胸骨由三部分组成，骶骨是由五块或六块组成；描述了前庭位于颞骨的内部；描述了奇静脉；还发现了胎儿在脐静脉和腔静脉之间的管道，并命名为静脉导管，等等。

维萨里的学说不但冲击了当时医学界的传统观念，也引起了教会的不满。宗教的书报检查机关严密地检查了维萨里的解剖学著作，认为他攻击宗教教义。其根据是：男人身上的肋骨应该比女人少一根，因为《圣经》上说，上帝命令亚当抽去一根肋骨变成夏娃。而维萨里居然提出男人和女人的肋骨数量是一样的。

　　一次，维萨里为西班牙一位贵族做验尸解剖。剖开胸膛时，监视官说心脏还在跳动，便以此为借口，指控维萨里解剖活人，宗教裁判以此为理由判处维萨里死刑。由于西班牙国王的干预，宗教裁判所免了维萨里的死罪，改判其往耶路撒冷朝圣。然而，在朝圣回来的路上，维萨里乘坐的船只遇险，他也不幸身亡了。

第六章

日心说：打破地球中心的神话

对于世界是否有外星人的问题，尽管有种种说法，但至少在目前，人类还是唯一确定的智慧生物。所以，我们对整个宇宙的看法，只能从人的视觉得到，这样，就不可避免地带上了人的印记。其中最突出的就是人所具有的强烈的优越感。典型表现是戏剧家莎士比亚在《哈姆雷特》一剧中，用抒情诗般的语言对人类进行的赞美："人类是一件多么了不起的杰作！多么高贵的理性！多么伟大的力量！多么优美的仪表！多么文雅的举动！在行为上多么像一个天使！在智慧上多么像一个天神！宇宙之精华，万物之灵长！"

这种优越感并非来自文学家的艺术创作，而是出于人性的本能。所以，哲学、宗教和其他人类的各种创作品中，处处都体现了这种优越感。即使是"万能的上帝"，也不能确定是客观存在的（当然，目前也不能全然否定其存在），而只能说是按照人的意识，以符合人的需要的方式而存在的一种东西。

古希腊人的宇宙观

在人们对于宇宙看法的形成过程中，虽然许多哲学家、宗教人士都作出了巨大贡献，但是，科学家的工作却对这些看法产生了非常大的影响，甚至直接对人们的优越感的形成产生一定的约束，使得人们能够更理性、更全面，当然也更科学地看待这个宇宙，并与宇宙中的万事万物和谐相处。其中，最有影响力的是两项科学发现。其一，天文学的发现否定了人所居住的地球是宇宙的中心的观念；其二，生物学（进化论）的发现认为人和其他生物一样，具有相同的起源。

我们今天学习西方哲学史，一般是从古希腊的米利都学派开始，时代是公元前6—7世纪。第一个提到的哲学家叫做泰勒斯。了解人对于宇宙的看法，要从泰勒斯开始讲起。

泰勒斯在哲学史上的最大功绩在于，他不是用某种臆测（如神话之类的东西）来解释这个宇宙，而是力图用人们所能观测到的事实来解释，并通过进一步的事实验证这种解释的合理性。

如泰勒斯提出"水是万物的本原"这一观点。这一观点是

在人们对于宇宙看法的形成过程中，许多哲学家、
宗教人士作出了巨大贡献

否正确不重要，重要的是他首先提出并思考"世界的本原"这一哲学问题。而且，亚里士多德在其所著的《形而上学》中认为："他得到这个想法，也许是由于观察到万物都以湿的东西为养料，热本身就是从湿气里产生，靠湿气维持的（由此产生万物的东西即是本原）。这是引起他的想法的一个事实。另一个事实是，万物的种子都有潮湿的本性，而水是潮湿本性的来源。"显然，这是从方法论的角度对泰勒斯的思路给出了解释。

泰勒斯引进埃及的大地测量术，对大地进行了测量。他的学生阿那克西曼德明确提出了对于宇宙的一个观点，认为宇宙是球形的，日月星辰就镶嵌在这个球形之上。

米利都学派的第三位哲学家、阿那克西曼德的学生阿那克西米尼认为冰雹是由雨水结冻而成的，彩虹则是太阳光线投射到云层所造成的一种现象。他甚至首先意识到了行星和恒星的区别。阿那克西米尼改进了阿那克西曼德的宇宙模型，认为宇宙不是一个圆球而是一个半球，笼罩在大地之上，大地就像一个盘子漂浮在气上。气，是阿那克西米尼所认为的世界的本原。

真正奠定地心说理论基础的是数十年后的毕达哥拉斯学派。这个学派在哲学和数学上都占有重要的地位，其哲学和科学思想有一个基本的特点，那就是自然规律一定是简单完美的，否则这个所谓的规律就一定有问题，至少是有瑕疵的。注意，这

亚里士多德对地心说的发展有一定贡献

一思想直到今天依然为广大科学家所认同。历史上许多重大的科学进步，就是因为科学家认为当时的科学理论不够和谐和简单，从而提出更符合这个标准的理论。地心说最后被日心说取代，也是由于这个原因。

毕达哥拉斯学派根据自己的观点提出了初始的地心说，其基本观点：地球是一个圆球，位于整个宇宙的中心，包括太阳、其他星球都在围绕地球转动。这一学说与当时科学家肉眼观测到的天象一致，也符合一般人的感受，所以很快被接受。

亚里士多德对地心说发展的贡献主要表现在如下方面。

第一，毕达哥拉斯学派认为地球是一个圆球，仅仅是因为他们认为圆球是最圆满的，这是一个纯观念的推论，并无现实基础。而亚里士多德则是根据观测到的月球所呈现的圆缺现象，认为只有地球是圆球才会出现这一情况。

第二，亚里士多德提出了宇宙的组成问题。他认为地球和其他天体是由不同物质组成的。组成地球上的基本物质是水、气、火、土四种元素；组成其他天体的则是一种特殊元素，叫做以太。以太是他假想出来的一种物质。虽然后来许多科学家都试图解释以太究竟是什么，比如将其解释为一种电磁波的传播媒介，但终究没有得到有说服力的解释。最后，科学家发现，如果除去以太这个东西，对天体运动的解释会更简单。今天，科学界已经抛弃以太这一说法。

第三，亚里士多德提出了一个比较完整的宇宙模型。他认为，地球之外是一个存在着九个层级的天体分级，如月球天、太阳天等。这九个层级的天体构成一个圆形的环套。九层天依次圆形环套，位于第九层的天球是原始动力层，推动其他层级围绕地球运转。他首次考虑到天体运动的动力问题。

第四，亚里士多德提出了天体的运动动力问题，即天体为什么能运动。他认为，无论任何物体运动，必然有一个运动的推动者。其他天体围绕地球运动，是因为存在一个第一推动者，逐级推动所有天体围绕地球运转。

由于亚里士多德的权威，他的观点很容易就获得了包括科学家在内的整个社会的认同。然而，天文学家对天体运动进行了进一步精确观测，还是发现有些现象无法用亚里士多德的观点来圆满解释，比如行星逆行问题。天文学家观测到，行星的运行方向会发生周期性改变。虽然一般说来，在地球上观测到的所有行星都是由东向西运行的，但处于外侧的行星则经常会出现由西向东运行的情况。比如火星的逆行，由于地球的公转速度大于火星，火星又在地球轨道之外，当地球的运行速度超过火星时，在地球上的人看来，火星似乎就是逆行了。

用今天地球运动的观点就很容易对所谓的逆行作出解释。

但当时的人认为地球的不动是一个基本原则，这样，解释就必须另辟蹊径。

公元前 2 世纪至 1 世纪，古希腊天文学家阿波罗尼提出了本轮和均轮的概念，对亚里士多德的理论进行了补充。他认为，地球处在一个叫做均轮的大圆上，均轮本身以一定速度匀速旋转。行星则处在一个叫做本轮的小圆上，当然，小圆也是匀速运动的。这种本轮—均轮运行的综合结果，会使行星看起来出现后退、停滞等现象。

阿波罗尼为每一个行星都设计有一个本轮—均轮体系（太阳和月球是例外，因为没有观测到它们的逆行，所以它们的运行只需要一个均轮）。阿波罗尼采用改变本轮和均轮的相对大小、相对速度的方式，用圆周的复合运动来解释行星的不规则运动。这样的解释既维护了亚里士多德的权威，也秉承了古希腊人有关圆形、球形、匀速、和谐为最的美学观点。

托勒密的宇宙模型

地心说的集大成者是 2 世纪罗马帝国天文学家托勒密。他将数学引进天文学，用数学来对天体运行轨道进行定量计算，因此可以对天体何时在哪个位置出现做出预见。

托勒密将亚里士多德 9 个层级的天体增加到 11 个层级，

新增的两个层级叫做最高天和净火天。他认为，行星的运动不仅在围绕地球的圆形轨道均轮上运行，还以均轮上的一点为圆心，在一个较小的圆形轨道本轮上运行。这样，行星逆行现象就得到了很好的解释。

托勒密还认为地球并非正好位于均轮的中心，而是有所偏离。这一观点对时有出现的行星非匀速运动现象做出了解释。而观测到的行星运行的轨道，也并非严格意义上的圆形，托勒密又引入了另外的天体调节行星的轨道。

更重要的是，托勒密将阿波罗尼的本轮和均轮进行了深化。他在本轮上增加了一个叫做小轮的轨道，让小轮围绕本轮绕行，这样，使得天体运行轨道更精确。理论上，小轮可以根据需要不断增加，从而使轨道运行的运算结果无限接近于实际观测到的结果。

在一千多年的时间里，人们一直抱持托勒密的这种宇宙观念。这一观念能够如此长时间居于正统地位，原因在于：

第一，当时的天文观测结果尚未发现足以对此观念提出毁灭性打击的天文现象。一些观测到的新天文现象，都可以运用托勒密模型或修正的托勒密模型给出有说服力的解释。

第二，通过托勒密模型计算得出的结果，也能满足当时航海所需要的定时定位要求。

第三，基督教神学的强力干预。基督教在西方世界占据重要地位，甚至在一段时间内还有着比世俗权力更高的地位。基督教巧妙地利用地心说，特别是有关第一推动和天体层级的说法，认为上帝就居于宇宙的最外层，是整个宇宙运行的第一推动者。

然而，一千多年间的大量天文观测结果（特别是航海开始后，人们的视野更为开阔，观测到的天象更丰富）反映出托勒密模型的问题越来越严重。为了使根据托勒密模型所计算出来的数据与观测结果相符合，天文学家不得不一个劲地增加小轮的数目，最多的已经超过 80 个小轮。尽管如此，两者之间的误差仍不能完全避免。这和科学家秉持的科学真理必须是简洁、和谐、美的观念发生了严重冲突。天文学家们都在努力解决这个冲突。

哥白尼的日心说

最先取得显著突破的是 16 世纪波兰天文学家哥白尼。今天的人们称日心说是一个革命性的理论，实际上，当初哥白尼也是从试图修补托勒密模型开始的。

哥白尼同样对托勒密模型的繁杂感到极度不满。他通过种种尝试，试图减少本轮和小轮的数目，简化托勒密模型。比如，他把行星放在均轮上，而均轮的圆心则在本轮上；他也把各个行星的本轮合成一个，而圆心则放在太阳上。每做出一个新的假设，哥白尼就要根据修正后的模型进行计算，看看与观测结果是否相符。

哥白尼盯着托勒密的宇宙模型图，思索着托勒密怎样用大圆（均轮）和小圆（本轮）解释行星的运动，怎样去掉一些小圆，考虑怎样用简洁的方法描述行星的运动。他每做一个变动，都要通过计算，然后和实验观察数据做比较。

后来，当他试着把行星的所有本轮的中心都放到太阳以后，曙光出现了：所有行星的运动都能够得到准确的说明，却不用那么多的本轮。这时，哥白尼的宇宙图像是太阳和月球围绕地球转，而金、木、水、火、土五大行星则围绕太阳转。

但这样一个模型存在一个致命的缺陷太阳围绕地球的轨道和其他行星围绕太阳的轨道产生了交叉。显然，这是不能接受的。为了修补这一缺陷，哥白尼革命性的思想终于出现了：如果地球不是宇宙的中心，太阳才是宇宙的中心呢？如果把太阳放在中心，那么就应该是地球围绕太阳转。

这样一改变，地球、太阳和各个行星的运动都能够得到说明，并且与观测到的数据一致。最重要的是，去掉了所有本轮。至于哥白尼为何没有改变月球的运行方式，因为他认为一直没有观测到月球的逆行，所以还是应该坚持月球围绕地球运转。

经过近 20 年的思考和计算，哥白尼终于提出了他的宇宙模型——太阳是宇宙的中心，地球和其他行星都围绕太阳运转，月球则围绕地球运转。

哥白尼的学说提出之后，很长时间都没有得到大众的接受。第一个原因当然是宗教。基督教神学竭力反对日心说，认为它动摇了当时神学解释的世界基础，是对上帝的亵渎。这在最大程度上阻碍了这一学说的大众传播。就是在天文学界内部，哥白尼学说也有一个当时看来的"硬伤"，即恒星视差：由于地球是运动的，那么如果在地球的两个不同地点观察同一个恒星，将会发现恒星的位置有所变化。

恒星视差是地动说的必然结果。然而，由于受观测条件的局限，当时的天文学家并没有看到恒星视差现象。而且，由于地球与恒星之间的距离实在太远，地球上的两个观测点和恒星所构成的三角形并不服从欧几里得几何。如此，大多数天文学家不接受哥白尼学说，也是自然的了。但哥白尼学说毕竟还是产生了影响，并赢得了一些追随者。其中尤其要提及的是布鲁诺和伽利略。

布鲁诺是意大利哲学家，他的生活时间距哥白尼去世不足百年。布鲁诺从他的哲学观点出发，不仅肯定了哥白尼的日心说，还把日心说往前推进了一大步：太阳也不是宇宙的中心，而只是太阳系的中心；整个宇宙是无限的，太阳是宇宙中无数恒星中的一个。

伽利略生活在 17 世纪，他发明了今天被称为"伽利略望远镜"的天文望远镜，并利用它来观测天体，可以观察到土星光环、太阳黑子、月球山岭、金星和水星的盈亏、木星的卫星和金星的周相等诸多天象，有力地支持了哥白尼的学说。

布鲁诺和伽利略的行为更加促进了哥白尼学说的传播，也激起了教会更大的愤怒。教会采取了强烈的反制行动。布鲁诺被教会烧死，伽利略则被教会判处终生监禁。

19 世纪 30 年代，德国天文学家贝塞尔使用了一种叫做量日仪的仪器，来测量两个恒星之间的距离。他观测天鹅座 61 星连续移动的位置一年多，在 1838 年测得天鹅座 61 星的视差为 0.31 角秒，即相当于把一枚 5 分硬币放在 16 千米远处观看时的视角。这个视差是以地球轨道的直径为基线观测到的，这表明天鹅座 61 星在大约 100 万亿千米远处，是太阳系宽度的9000 倍。

恒星视差的发现，终于使哥白尼学说得到天文学界的认可。

宗教对于日心说的屠戮

日心说直接威胁到了基督教的核心教义，所以，教廷对日心说的反对就不仅是阻扰其传播，而且不惜采取肉体消灭等极端手段，竭力让日心说胎死腹中。

宗教对科学的压迫，集中体现在天主教对于哥白尼日心说的态度上。哥白尼也意识到了自己的理论使其陷入的宗教风险，所以迟迟不敢公布自己的发现。一直到 1543 年，他的《天体运行论》才出版。然而，当书送到哥白尼手中时，他已经奄奄一息。

哥白尼学说的一些信奉者就没有这样幸运了，其中最惨烈的就是布鲁诺。布鲁诺因宣传哥白尼日心说而被捕入狱，在长达 8 年的囚禁生活中，他拒绝屈服，始终坚持自己的观点。最终，被罗马宗教裁判所判以"异端"的罪名，并被烧死在罗马鲜花广场。

另一个因此受到迫害的科学家是伽俐略。由于伽利略在物理学上的成就，原本他和教廷保持着比较友好的关系。他曾在罗马受到包括教皇保罗五世和其他高级主教在内的上层人物的热情接待，并被林赛研究院接纳为院士。1615 年，有人指控伽利略为哥白尼学说辩护时，他曾专程去罗马，希望教廷不因自己坚持哥白尼观点而受到惩处，也不公开压制他宣传哥白尼学说。看在伽利略的名望和以往的交情上，教廷默认了他的第一个请求，但明确拒绝了后者。保罗五世甚至在 1616 年下达了著名的"1616 年禁令"，禁止伽利略以口头或文字的形式保持、传授或捍卫哥白尼日心说。

此后，伽利略又多次与教廷沟通，力图说明日心说可以与基督教教义相协调，认为"圣经是教人如何进天国，而不是教人知道天体是如何运转的"。新任教皇乌尔邦八世坚持"1616年禁令"，但允许伽利略写一部同时介绍日心说和地心说的书，要求他对这两种学说的态度不得有所偏倚，而且都要写成数学假设性的。

于是，伽利略撰写了《关于托勒密和哥白尼两大世界体系的对话》一书（1632 年出版，以下简称《对话》）。此书表面上保持中立，实际上还是在为哥白尼学说辩护，语言上也多处对教皇和主教隐含嘲讽。

6 个月后，教廷勒令《对话》停止出售，教皇要伽利略到罗马宗教裁判所接受审判。1633 年 6 月 22 日，圣玛丽亚修女院的大厅上，10 名枢机主教联席宣判，认为伽利略违背"1616年禁令"和圣经教义。伽利略被迫跪在冰冷的石板地上，在教廷已写好的"悔过书"上签字。主审官判处伽利略终身监禁；

《对话》必须焚绝，并且禁止出版或重印伽利略的其他著作。此判决书立即通报整个教会教众。

日心说后来的发展过程：1757 年，罗马教廷宣布解除对哥白尼《天体运行论》的禁令。1882 年，罗马教皇承认了日心说。1889 年，罗马宗教法庭宣布，为布鲁诺平反并恢复名誉。同年 6 月 9 日，在布鲁诺殉难的罗马鲜花广场上，人们为他树立起铜像，以作为对这位为真理而献身的伟大科学家的永久纪念。1979 年 11 月 10 日，梵蒂冈教皇 J. 保罗二世代表罗马教廷公开为伽利略平反昭雪，认为教廷在 300 多年前对伽利略的迫害是严重的错误。

日心说对人们世界观的改变

爱因斯坦曾对日心说的提出给予很高的评价："要令人信服地详细说明太阳中心概念的优越性，必须具有罕见的思考的独立性和直觉，也要通晓天文事实，而这些事实在那个时代是不易得到的。哥白尼的这个伟大的成就，不仅铺平了通向近代天文学的道路；而且也帮助人们在宇宙观上引起了决定性的变革。一旦认识到地球不是世界中心，而只是较小的行星之一，以人类为中心的妄想也就站不住脚了。"

日心说对于人的认识的第一个帮助，是以严格的科学理论加强了"真理一定是简单的"这个古老的哲学命题。古希腊时代的许多哲学家都抱有这样一个信念。然而，这也仅仅是一个信念，并无有力的证据支持。

到了14世纪，英格兰逻辑学家奥卡姆提出了著名的"奥卡姆剃刀"原则。其原文表述："若无必要，勿增实体。"即除非确有必要，不要给一个理论增加新的要件。人们把这个观点形象化地理解为像一把剃刀一样，把一切繁杂的东西都剔除掉，该观点因此得名。

然而，奥卡姆同样是根据"思维经济原则"来作出理论概括，真正的科学理论是否一定遵循这个剃刀原则，当时并无确切的证据支持。当日心说最终被证明是正确的时候，实在是剃刀原则在科学理论方面一个有力的佐证。

前面已经介绍，托勒密的地心说在一千多年的时间内得到信奉，根本原因在于没有重要的天文观测现象对日心说构成支持。在哥白尼时代，依然没有出现有说服力的天文观测结果。所以，哥白尼并非是为了解决一个迫在眉睫的挑战而提出日心说，仅仅是因为不满地心说的理论结构太过复杂，从而尝试用一个新的理论来减少，甚至消除地心说那套庞杂的本轮—均轮系统。

就当时的天文观测数据而言，日心说所面临的诘难一点也不少，比如日心说的硬伤——恒星视差现象就一直没有观测到。尽管如此，仍然有许多杰出的科学家相信日心说而抛弃地心说。原因无他，就是因为日心说更简单。

这个事实也告诉我们一个判定伪科学理论的一个简单办法：如果一个理论非常复杂，还需要不断增加关键性的补充条款来完善，那么，这个理论一定有着重大的瑕疵，或许根本就是错误的。

日心说对人的认识的第二个冲击更剧烈，它把地球从一个众星相拥的中心地位变成众多行星中的一员，还要每日不停地围绕另一个中心——太阳运转。"太阳是宇宙中心"的观念在提出之日，便对人们的两个固有认知构成了冲击。

第一个，地球是静止不动的。

前人认为地球是静止不动的，所以人才可能安稳地在地球上生活。然而，日心说认为地球在运动，是一个旋转着的球体，那人们是怎样安稳站在地球上的呢？在万有引力发现之前，这个问题一直令人困惑。

第二个，地球是宇宙的中心。

这套观念由米利都学派初步形成，经亚里士多德完善。亚里士多德派坚持认为地球是球形的，是宇宙的中心；地球和天体由不同的物质组成，地球上的物质是由水、气、火、土四种

————————————

　　"太阳是宇宙中心"的观念在提出之日，
便对人们的两个固有认知构成了冲击

元素组成，天体由第五种元素"以太"构成。

更糟糕的是，亚里士多德的哲学主张为宗教所利用，拜占庭的经院哲学家将其作为基督教神学思想的重要支柱。在他们看来，地心说论证了《圣经》中的"世界就坚定，不得动摇""将地立在根基上，使地永不动摇""日头出来，日头落下，急归所出之地"。

对于哥白尼的日心说呢？著名科学史学家丹尼尔如此表述其引起的反响："对于欧洲的学术及精神生活负有责任的人们，踌躇不前，不敢接受这个天文学说，是完全理所当然的，因为这个学说可能破坏他们自己最深的信念，并且像他们所想的那样，还可能使他们负责保护的不朽灵魂陷于危险。"当伽利略带着满腔热忱到教庭宣传日心说时，冲突就无可避免了。

当时的学术界主要拥护亚里士多德派，他们催促教士采取行动抑制日心说。果然，在1530年对这个新学说表现开明的教廷，到1616年就禁止伽利略说话了，并由红衣主教柏拉明宣布哥白尼的学说是"错谬的和完全违背圣经的"，伽利略的书在未经改正以前不许发行，但是这个学说可以当作一个数学假说来讲授。

1620年，盖塔尼主教按照这样的方针对《对话》作了小小的改变，但复刊的申请一直没有得到教皇的批准。直到18世纪，科学观察证实了日心说的正确性，教廷接受了日心说，甚至还正式给伽利略平反了。这个事实表明，不但科学会犯错，神学同样会犯错。所以，任何人都可能犯错，那些以"神灵代言人"自居的人也不例外。

日心说为人类正确认识世界打开了大门。虽然后来的天文观测数据表明太阳也不是宇宙的中心，但日心说对行星绕恒星运动模式的准确描述，依然是目前掌握的天体运行的基本模式。正是沿着这样一个正确的方向，人类逐渐认识到宇宙的浩渺，而这样一个宇宙图景的呈现，激起人类极大的好奇心，促使人类在进一步的宇宙探究活动中取得丰硕的成果。

第七章

进化论：人和动物有相同的起源

人会关心他所在的宇宙是什么样子，更会关心他自己是怎么回事。在有关人自身的问题中，人究竟是从哪里来的，也是一个非常深沉的问题。

人类起源的非科学观点

在相当长一段时间内，人们普遍接受的是神创论的观点，即人是神创造出来的。如中国就用神话表达了女娲造人的传说。

系统完整的神创论表述就是《圣经》或《新旧约全书》，它的开篇《创世纪》就说，世界最初是漆黑一片，地上则布满浩淼无际的水。第一天，上帝创造了光，从此有了光明和黑暗、白昼和黑夜。第二天，上帝创造了空气，把水上下分开。空气为天，天上的水是云和雨，地下的水是江河湖海。第三天，上帝创造了海洋和陆地，让大地长满青草、蔬菜、树木。第四天，上帝创造了日、月、星辰，分管白天、黑夜。第五天，上帝创造了水中游的鱼、空中飞的鸟，让海洋、天空充满生机。第六天，上帝创造了地上生活的昆虫、野兽，并且按着自己的形象，创造出人，让人来管理这一切。万物都造齐了，第七天，上帝就休息了，这一天也就叫安息日。

　　总之，神创论认为，不仅人是上帝创造的，宇宙及其间的一切生物也都是上帝创造的。神创论的一个显著特点是目的论：上帝创造万物都是有目的的。创造出矿物质是为了满足植物的生存，创造出植物则是为了满足动物的生存，创造出作为万物之灵的人类是为了证明上帝的智慧和荣耀。

　　神创论也是一个不变论。万事万物都是依照上帝当初创造他们的目的生存着，不存在进化或演化的问题，或者最多只是在生物分类中种的范围内有所变化。甚至一些科学家也信奉物种不变。如18世纪的瑞典生物学家林耐依据《圣经》教义，提出地球上包括人类在内的各种生物都是上帝创造的，也是一成不变的。他在其名著《自然系统》一书中写道："种的数目与最初所创造出来的各种不同类型的数目是相同的。""没有一个种是新的。"

　　当然，晚年的林耐也逐渐意识到了生物是变化的，所以在其《自然系统》第十版中，他删去了有关物种不变的一些说法，人并不满足于这种完全出自信仰的说教。然而，在长达两千多年的时间里，人们关于进化问题的思考多是停留在哲学思辨的层次上。例如，古希腊阿那克西曼德就提出生命是由海中的软泥产生的。他甚至提出进化的观念，认为原始的水生生物经过蜕变成为陆地生物，而人则是由另外一种动物形成的。

古希腊哲学家赫拉克利特提出，万物都处于流动的状态。古希腊哲学家恩培多克勒把生命的发展看成一个渐变的过程，而且是从一种不那么完善的形式逐步演变为更加完善的形式。亚里士多德指出，更为完善的生命本身就是从不完善中发展起来的。

古希腊唯物主义哲学家留基伯和德谟克利特的原子论在逻辑上引向一种进化的观念。原子论认为，宇宙是由一种不可分的叫做原子的微粒组成的。原子的数目是无穷的，它们之间没有性质的区别，只有形状、体积和序列的不同。原子在无限的虚空之中运动，在运动时，会发生原子间的碰撞。这种碰撞在适当契机之下，就会发生原子间的互相嵌合，从而形成各种具体的物体。这事实上已经具有某种自然选择的观念。

19 世纪的英国哲学家斯宾塞甚至以一种生物物种进化观作为其整个理论体系的支撑。他从牛顿那里借来了"力"的概念，认为存在着"力的恒久性规律"对事物不断产生作用。由于力对事物的作用是不均衡的，必然会使得受到较大作用力的一部分与受到较小作用力的一部分出现不同的作用效果，从而促成事物产生变化。他把这一"作用效果的增值规律"看作理解整个宇宙和物种演化的钥匙。

不过，斯宾塞认为进化是由获得性特征的遗传引起的，这与达尔文的自然选择不同。只是后来他也接受了自然选择的观点，并提炼出"适者生存"这一名言。他还把这个观点进一步引入社会生活中，成为著名的"社会达尔文主义之父"。

达尔文之前的进化理论

18世纪以前，有关生物进化的问题基本上都是由哲学家提出的种种猜测，科学家似乎对这个议题无动于衷。这是由科学研究的实证性特点决定的。当时所搜集到的材料还不足以让科学家对这个议题产生兴趣。

到了18世纪后半期，西方世界兴起了一个系统的探险热潮。这些探险工作多有科学家参与其中。这些探险活动发现了许多已经绝迹的哺乳动物化石。地质学家也意识到，地质岩层是有规律地相继出现的。如此，探究地球的历史，特别是探究地球上出现生物以后的历史，激起了科学家的浓厚兴趣。

　　一些科学家因此而接受了有关生物进化的思想。比如，博物学家、达尔文的祖父就表达过这样的思想："动物的变形，如由蝌蚪到蛙的变化……人工造成的改变，如人工培育的马、狗、羊的新品种……气候与季节条件造成的改变……一切温血动物结构的基本一致……使我们不能不断定它们都是从一种同样的生命纤维产生出来的。"

　　在进化论上，第一个取得显著进步的是法国博物学家拉马克。他最先提出生物进化的学说，是进化论的倡导者和先驱。1809年，拉马克出版了《动物哲学》一书，系统地阐述了他的进化理论。他的理论简单概括起来就是四个字——用进废退。

　　在拉马克看来，动物的结构和器官处于一个进化的过程，其进化的原则就是用进废退。也就是说，所有动物都具有一种向更高级（即结构更复杂）生命进化的内驱动力，而其进化的方式就是用进废退。如果动物的某种结构和某个器官于该动物是有用的，那么在该动物的遗传过程中，它就会不断被强化和发展；相反，如果动物的某种结构和某个器官于该动物是没有用的，那么在该动物的遗传过程中，它就会慢慢退化以至于消失。

　　比如，长颈鹿的脖子原来并没有这么长，但是，为了吃到树上更高的叶子，长颈鹿的脖子就逐渐进化，变得越来越长；人的尾巴于人实在没有什么用处，所以，在遗传过程中，人的尾巴就慢慢不见了，仅留下一个尾椎。

拉马克甚至猜测人和猿具有共同的起源。他认为，如果仅仅从身体结构上来考虑，那么人属于哺乳动物一科。他推测，某种猿类为了让自己看得更远，慢慢地向着一种直立的姿势进化，这种新的姿势就引发了猿类体形结构上的改变，加上一些行为上的改变，最终促成猿类变成人类。

拉马克阐述的比较系统和全面的进化理论为达尔文的工作提供了相当的理论基础，在科学史上具有一定地位。但是，他的进化论有一个致命的缺点，就是认为动物通过用进废退所获得的性状可以遗传给后代，从而实现动物物种的进化。比如，一个围棋高手就可能把他高超的围棋技能通过遗传的方式传递给他的儿女。

拉马克的这一观点引起了生物学家的质疑。比如，德国科学家魏斯曼特意将雌雄老鼠的尾巴都切断，让其互相交配来产生子代，再将这些子代互相交配产生下一代。他一共重复做了21代，但每一代的老鼠都是有尾巴的。魏斯曼试图以此为证来否定拉马克的理论。当然，严格说来，魏斯曼的这个实验是有缺陷的，无法构成证伪力。因为，拉马克的获得性遗传针对的是"有用的"性状。

达尔文的进化论

英国生物学家达尔文为进化论奠定了坚实基础。1831 年，达尔文从剑桥大学毕业，即参加当年 12 月 27 日英国海军"小猎犬号"舰环绕世界的科学考察航行。此次旅行历时近五年，先在南美洲东海岸的巴西、阿根廷等地和西海岸及相邻的岛屿上考察，然后跨太平洋至大洋洲，继而越过印度洋到达南非，再绕好望角经大西洋回到巴西，最后于 1836 年 10 月 2 日返抵英国。

在整理这些考察资料的过程中，英国经济学家马尔萨斯的《人口论》一书给了达尔文思想上的启迪。达尔文是这样表述的："1838 年 10 月，我为了消遣，偶然读了马尔萨斯的《人口论》。我长期不断地观察过动植物的情况，对于到处进行的生存竞争有着深切的了解，我因此立刻就想到，在这些情况下，适于环境的变种将会保存下来，不适的必归消灭。其结果则是新种的形成。这样，在进行工作时，我就有了一个理论可以凭持。"

1858 年 7 月 1 日，达尔文与华莱士在伦敦林奈学会上宣读了关于进化论的论文，宣告进化论的正式诞生。1859 年，达尔文的《物种起源》一书出版。该书系统地阐述了他的进化学说。其核心观点可以简单表述为：生物的繁殖能力要快于其生存空

生物之间存在激烈的"生存竞争"关系，展现出一种进化现象

间，特别是食物的再生能力。因此，生物之间存在激烈的"生存竞争"关系。只有那些能够适应环境的有利变化的个体才能存活，不适应者将被淘汰。如此就展现出生物的一种进化现象，即生物将迫于环境的压力而不得不发生外形乃至组织结构的变化，以使其更加适应环境，从而增加自己的存活概率。经过很长时间的自然选择，一系列微小的变异不断积累，逐渐成为显著的变异，从而导致新的物种或亚种的产生。环境的改变方向通常是越来越艰难、越来越恶劣，这就促成生物的进化越来越复杂、越来越高级。

达尔文的进化论被简单表述为"人是从猴子变成的"。这样一种理论，对于自诩为万物之灵的人类无疑是振聋发聩的。所以，该理论一提出，立即引起巨大的争议。要想在本书中详细介绍相关的争议是不可能的。这里仅以发生在生物学家赫胥黎和牛津教区主教威尔伯福斯之间的著名争论为例子。该争论反映了科学真理与宗教教义的尖锐冲突，人们甚至称其为"除了滑铁卢战役以外，19世纪最著名的战争"。

争论发生在1860年6月30日。当天，英国科学促进会第30届年会动植物组分会正在牛津大学召开，但这次会议的参会者已远超出学界的范围。与会的700多人中，包括科学家、宗教界人士、牛津大学师生和一些普通听众。会上，威尔伯福斯试图以轻蔑的语气、华丽的词藻和流利的口才让大家相信所谓的进化根本不存在。然后，他说他想知道，那个声称人与猴子有血缘关系的人，究竟是他的祖父还是祖母从猴子变来的。

威尔伯福斯这一问，针对的就是在场的赫胥黎。

赫胥黎，英格兰作家，自称"达尔文的斗犬"，进化论的坚定支持者，曾为进化论的问题和许多人发生过多次论战。

赫胥黎用如下语言表达出他对于进化论的尊崇："我们不愿相信这种或那种空想，而要抓住可以和事实对照、经过考验正确无误的明白确定的概念。《物种起源》把我们所需要的工作假设给予了我们。不但如此，它还有一个极大用处，那就是使我们脱离了一个进退两难的处境：你不愿承认上帝创造世界的假设，可是你又能提出什么学说，让任何小心慎思的人都能接受呢？1857年我不能回答这个问题，也不相信有什么人能够回答。一年以后，我们责怪自己为这样的问题难倒真是太愚蠢了。我记得当我最初把《物种起源》的中心思想抓住的时候，我的感想是'真笨，连这个都没有想到'！"

此刻，赫胥黎站了起来，缓慢地说，他对有一个与猴子有血缘关系的祖先并不感到羞耻，让他感到羞耻的是，他与利用自己的才能来混淆真理的人站在一起。

进化论逐步完善

达尔文的进化理论虽然振聋发聩，但从科学角度看，依然存在不少瑕疵。比如他的融合遗传理论，认为两亲代的相对性状在杂种后代中融合而成为新的性状出现，即子代的性状是亲代性状的平均结果。

但是，1865 年，奥地利植物学家孟德尔通过豌豆杂交实验得出了颗粒遗传的结论。即在遗传过程中，遗传物质并不融合，相反，还可以发生分离和重新组合。

进入 20 世纪后，美国生物学家摩尔根根据用果蝇做的试验结果，提出遗传因子位于染色体上。染色体存在于细胞核中，内部是一个紧密的、高度螺旋卷曲的丝状结构。细胞核中含有进一步发育所必需的所有信息，它决定这个细胞将发育成为一个人、一匹马或一只鸽子；也决定这个人是白种人或者黄种人，是黑头发还是黄头发，等等。这些遗传信息及指令，都存在于染色体的丝状结构上。在染色体上，依照顺序包含一系列碱基，称为基因。基因是遗传的基本单位，代表所有的遗传性状。

摩尔根的遗传理论揭示了遗传的基本规律，事实上弥补了达尔文理论的缺陷，客观上推动了进化论的发展。但在历史上，无论是孟德尔还是摩尔根，都反对达尔文的自然选择理论。

这个问题是在 20 世纪二三十年代由 R.A. 费希尔、S. 赖特和 J.B.S. 霍尔丹等科学家解决的。他们将生物统计学与孟德尔的颗粒遗传理论相结合，重新解释了达尔文的自然选择学说，形成了群体遗传学。后来经过大量科学家的工作，逐步建立了现代综合进化论。这个理论是对达尔文进化论的继承和发展，尤其是把自然选择在进化中的重要性提高到了最重要的位置。

进化论影响了世界观

进化的概念本身在哲学上并不占据重要的地位。几千年来，在众多哲学流派中，认同事物发展变化的思想还是居于主流。何况，许多哲学家甚至明确表达过生物进化的思想。然而，在科学上确立进化理论，对哲学而言依然是一个巨大的鼓舞，尤其是进化论对于神创论的打击，让一些唯物主义学派为之雀跃。

进化论也让一些繁琐庸俗的哲学观点没了容身之地。我们时不时就遇到有人提出所谓的"哲学问题"来故弄玄虚，比如，先有鸡还是先有蛋。如果回答先有鸡，那么第一只鸡是哪里来的？如果回答先有蛋，那第一颗蛋又是哪里来的？

在进化论提出之后，解答这样的问题就非常简单了。首先，这并不是一个哲学问题，而是一个生物学的问题。其次，这个问题的答案是确定的，那就是先有鸡。第一只鸡是哪里来的？
由野鸡进化来。野鸡又是哪里来的？野鸡是由其他物种进化来
的。在进化过程中，野鸡选择了卵生的繁殖方式，这样才有了蛋。

达尔文进化论对宗教的影响更为深刻深远。自马丁·路德
的新教改革后，宗教界更看重《圣经》教义，《创世纪》中有
关上帝造人、造物、造世界的条文因此有了不可置疑的权威性。
达尔文的自然选择学说却给了这个说法致命一击。人会说话、
小鸟会飞，都是在进化过程中自然选择的结果，这里没有为上
帝留下一点行为空间。

然而，宗教对此并非无还手之力。宗教界人士试图修改关
于上帝造人的表述，并不是把上帝造人看成一个一天即完成的
活动，而是看成一个长期的过程。自然选择，也可以被解释为
一种"神意"的体现。

宗教界更值得重视的改变还在于，他们宣称上帝完全从诸
如造人这样的具体活动中退了出来，上帝只关心人的精神世界、
关注人的灵魂的安详、关注拯救人所面临的苦难。人们也意识
到，如果任由自然选择的学说泛滥，那么，整个人类社会难免
会沦为"丛林法则"的牺牲品，这就是所谓的"自然的齿爪上
都染着鲜血"（后文介绍的社会达尔文主义将进一步加以说明）。
因此，对于生存竞争这样一个种族繁衍的自然现象，必须要有

一种提倡善良或美德的道德秩序予以平衡。在这个问题上，宗教比科学更有用武之地。

这是一种更文明开放的态度。宗教教义不是一成不变的教条，随着时代的进步同样处于进化过程中，其内涵也充分考虑自然科学的成果。有一种说法，即根据科学成果完善和修改教义，同样是神的启示。如此，上帝依然保持永远正确的光辉形象。

进化论的社会影响极为广泛，尤其是与日心说相结合后，从总体上促进了人对于自身的正确认识。人生活在宇宙这个大系统内，不过是整个进化阶梯中的一员，所以，人不是宇宙的征服者，更不是宇宙的主宰。如果人要想在这个宇宙系统中生活得更好，就必须与系统内的其他成员和谐共处。

按照这个思路，今天许多有关生态环保的理念的提倡就显得十分必然了。同样，人与人之间，包括不同国家、不同种族、不同政治或宗教信仰的人之间，应该和谐相处。这里没有谁应该消灭谁的问题，而是应该同心协力，共建美好的人类大家园。

进化论这一科学思想给人启迪，为人的生活带来重大而深刻的影响。然而，我们需要注意的是，科学思想的误用和滥用，恰如科学成果的误用和滥用一样，也会给人类社会带来很大的危害。达尔文进化论中有关"物竞天择，适者生存"的思想，就被一些学者照搬到人类社会领域，用来描述、解释，甚至指导人类社会的竞争。

社会达尔文主义的代表人物是英国哲学家斯宾塞，他把社会也当作一个有机体，因而，社会可以和生物有机体比拟，不仅存在进化的过程，也同样遵循进化的规则，即优胜劣汰、适者生存。

社会达尔文主义只是达尔文进化论在人类社会应用的一种社会理论，但其造成的后果却非常恶劣。一些种族主义者把这一理论作为哲学基础，认为人种也存在优劣之分，高端的人种理所当然地统治和奴役低端的人种。而对于那些处于"食物链"末端的人种，更是应该予以肉体消灭，如此，才能使整个人类社会更加优秀，进步更快。

社会达尔文主义经严复的介绍进入了中国，严复此举的目的在于警醒国人，必须救亡图存、自强保种，否则，中国人就有被开除"球籍"的危险。

值得一提的是，孙中山先生在百年前就对此有过深刻的思考。他在《建国方略》中指出："人类初出之时，亦与禽兽无异；再经几许万年之进化，而始长成人性。而人类之进化，于是乎起源。此期之进化原则，则与物种之进化原则不同；物种以竞争为原则，人类则以互助为原则。社会国家者，互助之体也，道德仁义者，互助之用也。"

第八章

牛顿力学：为唯物主义提供强力支持

美国科幻小说作家艾萨克·阿西莫夫把牛顿评价为人类历史上最伟大的科学家，没有之一。牛顿发现了万有引力，提出了三大运动定律，发明了微积分等。在他看来，其中任何一项贡献，都足以让牛顿在科学史上占据前列的位置。他认为，牛顿在所有这些领域都作出了巨大的贡献，所以是当之无愧的 No.1。

在对人类思想的影响方面，牛顿同样是一个值得大书特书的人物。虽然牛顿本身并不是一个哲学家或思想家，但任何一本思想史或哲学史，如果不提及牛顿，必然导致很多事情都无法说清楚。

牛顿的科学贡献

鉴于牛顿的科学成就实在太广泛，笔者只选取与本书主题有关的部分。

艾萨克·牛顿（1643 年 1 月 4 日至 1727 年 3 月 31 日），英国皇家学会会长，一个百科全书式的科学全才。他在数学、物理学和天文学方面都有巨大成就。不仅如此，作为曾经的英国皇家铸币厂厂长，他还提出了著名的金本位制度。

牛顿死后葬于威斯敏斯特教堂，其墓碑上镌刻着诗人蒲柏为其撰写的墓志铭："自然界和自然规律隐藏在黑暗之中，上帝说：'让牛顿去吧！'于是，宇宙一片光明。"

在感情方面，牛顿还是一个痴情人。在格兰瑟姆的国王中学读书时，他寄宿在药剂师威廉·克拉克的家中。在这里，他和药剂师的继女相爱，并在 19 岁时前往剑桥大学求学之前，与她正式订婚。然而，这位女子最后移情别恋，与他人成婚。自此，牛顿再无罗曼史，终生未娶。

1687 年 7 月 5 日，牛顿的《自然哲学的数学原理》（现常简称作《原理》）出版。法国科学家拉普拉斯认为："《原理》是人类智慧的产物中最卓越的杰作。"

《原理》中记述了万有引力定律：任意两个质点有通过连心线方向上的力相互吸引。该引力大小与它们质量的乘积成正比，与它们距离的平方成反比，与两物体的化学组成和其间介质种类无关。

牛顿，一个百科全书式的科学全才，在数学、
物理学和天文学方面都有巨大成就

如果以 F 表示两个物体之间的引力，G 为万有引力常量，m1 为物体 1 的质量，m2 为物体 2 的质量，r 为两个物体之间的距离。则万有引力定律表示为 $F=Gm1m2/r^2$。

《原理》中还提出了著名的牛顿三大运动定律。

牛顿第一运动定律，又叫惯性定律，其具体内容是：一切物体在没有受到力的作用的时候，运动状态不会发生改变，静止的物体将永远保持静止，运动的物体将永远保持匀速直线运动。

牛顿第二运动定律，又叫加速度定律，其具体内容是：物体受到合外力的作用会产生加速度，加速度的方向和合外力的方向相同，加速度的大小与合外力的大小成正比，而与物体的自身惯性质量成反比。

牛顿第三运动定律，又叫作用力和反作用力定律，其具体内容是：相互作用的两个物体之间的作用力和反作用力总是大小相等，方向相反，作用在同一条直线上。

牛顿的聪慧之处在于，他用一个中心概念——"力"，把三大定律统摄起来。第一定律纠正了亚里士多德关于"力是物体运动的原因"这一错误说法，正确地指出了力是物体运动方式发生改变的原因。如果没有力，物体的运动或静止状态不会发生改变。第二定律明确指出了力的效果：使物体获得加速度，其加速度的大小和力的大小有关，也和物体自身的质量有关。

第三定律说明了力的本质是一种相互作用。

牛顿三大定律构成了一个完整的、严谨的逻辑体系——牛顿力学体系，该体系完成了科学的一个大统一：遥远的、硕大无比的天体，与我们身边的小石头一样，都遵循牛顿三大运动定律。甚至变幻莫测、不可琢磨的光和声音，也分别可以看成粒子和空气分子的运动，同样遵循牛顿运动定律。这无疑是人类认识史上的一个飞跃。

牛顿力学对人们思维的影响

牛顿力学体系的建立，给人们认识世界的方式带来了诸多深刻变化。一个例子可以充分说明这一点。以往，当出现日食的时候，人们会惊恐地跪在地上，祈求上帝或上天尽快消除这一恐怖现象，以免给人类带来灾害。而今天，当日食出现时，人们会将其视为一种罕见的自然奇观并欣赏。一些科学爱好者或许还会借助于某些技术手段验证某种科学结论。

概括说来，牛顿力学给人类思维带来的影响主要在于以下三个方面。

第一，促成了科学相对于哲学的进一步独立。

自亚里士多德以来，尤其是经过经院哲学的不断强化，人们赋予天体某种特殊的、神圣的秉性。即使伽利略使用望远镜观测到的许多事实已经对这一观点构成巨大冲击，然而，一千多年来人们所形成的认知依然根深蒂固。比如，笛卡尔就试图为天文学建立一套独特的、与地球上物体不同的力学体系。

牛顿力学彻底摧毁了过往的哲学成见，提出天体与地球上的物体遵循完全相同的力学运动规律。按照《原理》第二版序言的作者科茨的说法，以亚里士多德为代表的老一代哲学家，往往呈现的是一种所谓的"智慧的洞见"。他们主观地将物体按等级划分，并赋予某些物体神秘的属性，再臆想由这种神秘属性来推导这个世界的运动。至于这种神秘属性到底是什么，他们根本不能回答。或者，更准确地说，是他们不愿意回答。他们满足于基于某种主观臆断而想当然，而事实究竟如何，一概不论。

举一个典型例子：亚里士多德认为女人的牙齿要比男人少，他却从来没有想过让其夫人张开嘴数一数她口腔里的牙齿数目。原因在于这种老式的哲学性思维方式是错误的、不科学的。然而，真正给这种思维方式以致命一击的，就是牛顿的《原理》。

在古希腊及其后相当长时间里，哲学与科学是不分而论的，当时许多哲学家同时也被认为是科学家。牛顿以一种完全不同的叙事方式，即以一种基于观测事实的准确描述，不仅把科学研究和哲学研究区分开来，而且给予科学一个崇高的地位。自此，各种学说，无论是宗教、政治、经济、文学等，都千方百计地和科学"攀关系"，而其中尤以哲学为甚。各个学派的哲学家，无不争相援引科学的最新成果来解释自己的哲学观点。

第二，牢固地树立了一种决定论的世界观。

所谓决定论，就是认为自然界和人类社会都存在着确定的客观规律和因果联系，而人们一定能通过科学和其他研究，掌握这种客观规律和因果联系，从而了解这个世界和社会的理论。

牛顿的科学成就给形形色色的唯物主义哲学以巨大的支持。在那个时代，唯物主义哲学，更准确地说，是机械唯物主义哲学搭乘牛顿力学的顺风车成为世界主流，并直接确定了决定论在科学界的统治地位。

启蒙思想家霍布斯认为："宇宙，即所有存在事物的整体，是物质的，也就是说是物体具有量的大小，即长、宽、高；而且物质的宇宙，其每一部分都是物质，并且具有类似的量的大小，因此世界的每一部分都是物质，不是物质的东西都不在世界之中；因为世界是一个整体，不属于它的东西就是无，因此是不存在的。"

唯物主义不仅用物质来组成世界，也用物质来解释世界。拉美特利所著《人是机器》以力学解释身心关系。哈维把人看成一个抽水站，心脏就是抽水站里面的水泵系统，只是它抽取和促使运转的不是清水而是血液。莱布尼兹甚至试图创造一种普遍适用的技术性语言，以使人类所有问题都能得到解决。

一些非物质的东西如灵魂，在唯物主义的世界里根本没有存在的土壤，理所当然地予以抛弃。人的意识是人的大脑这个物体的附属物，一旦人死亡，人的意识就不复存在。人的精神也成了物质所引发的人的一种特殊的运动形态。

我们今天普遍接受的唯物主义哲学，能够在历史上占据显赫地位，很大程度上得益于牛顿力学体系的支持。

在哲学上系统阐述决定论的是拉普拉斯，他正是通过《原理》中的理论，才坚信可以准确预知所有天体的运行轨迹。这是可以理解的：从浩渺的天体到身边的一只苍蝇，其运动轨迹都能够严格地按照数学公式推算出来，这不是决定论，是什么呢？

拉普拉斯是法国造诣颇深的科学家，在数学和物理学领域都作出了重大的贡献。科学研究本就是一种以果求因或以因求果的活动，所以，只有肯定事物间的因果联系，科学研究才有意义。而决定论在某种意义上是科学研究的前提。不断得到的科学成果，更进一步确认了这个世界是可以被认识的。《原理》则对人们的这一观念提供了坚定的信心，由此才产生了决定论这一理论。

拉普拉斯对决定论有一个非常清楚的表述："我们可以把

世界的现状作为过去的结果和未来的原因。一个有才智的人在任何时候都能明了使自然及其中的构成部分之一——人类充满生机的力量，并且具有对其现象进行分析的能力。如果能够这样，那么他就可以把世界上最大的物体、最小的分子运动的情况写为一个简单的方程式，一个公式。对于这样的人来说，世界上没有什么不确定的事情，未来就像过去一样历历在目。"

　　所以，人们有时候也把决定论称为"拉普拉斯信条"。牛顿力学是最典型的决定论。假设你扔一块石头，根据牛顿力学，只要清楚了你石头的重量、你使用的力量大小、空气阻力和其他摩擦力的大小、风力的影响等全部因素，一定能够事先计算出这块石头会到达的准确地点，并且石头最终一定会到达那个地点。

　　当然，这只是理论上的"一定"。事实上，我们很难把握其中的"全部因素"，在许多情况下也没有这个必要。所以，实际上是不是如此"决定"不重要，重要的是，只要人有这个意愿，就一定能够做到"决定"。甚至人们获取知识和求得真理的途径也是被"决定"了的，只要遵循下列程序。

　　第一步：感知。人对外部世界的某种现象产生了感知，这种感知也在人的头脑中留下了印记。

　　第二步：表象。感知的印记在头脑中形成表象并储存于头脑之中。当某一种新的感知进入头脑，会自动引发头脑中储存的各种表象与其进行比对和联系。如果这种新的感知是陌生的，那么便再次储存进大脑；如果这种感知是已有的，那么就会形成某种联系，如看见苹果就会让你有清甜爽口的联想。

第三步：综合。这是最重要，也最关键的一步。人的头脑所具备的综合功能能够将进入头脑中的简单概念加以比较分析，形成一系列复杂的概念。这些简单或复杂的概念就在头脑中形成人的知识系统。

正是有了这个知识系统，人才能进行理性思维。所谓理性思维，就是人将各种新的感知与头脑中的知识系统再次进行比对分析，从而形成判断和得出结论。如果是头脑中的知识系统接洽了新感知，新的感知就会成为自己知识的一部分。相反，如果头脑拒绝接受新感知，那么头脑就会将其抛弃，不会留下印记。

这里的知识与正确与否无关。许多自认为错误的东西，头脑也会给它留下一席之地，放在一个类似于"警戒区"的位置。待下一次再遇到同样或类似的情况时，头脑就会发出警告，提示这是错的。

第四步：求真。所谓真实，是人的头脑中存在的一种观念，那是一套关于什么是真实的评价标准。只有能够与头脑中的真实观念相吻合的，才会被头脑认为是真实的。当然，这种头脑中的真实不等于真理。所谓真理，一定要再次投入客观实际中并与客观实际一致。

决定论把世界当成一个运行良好的钟表，所有的一切似乎都是预先确定了的。人们甚至能够预测未来。决定论在一定程度上也没有让科学家失望，它甚至准确预测出了海王星和冥王星的运行轨道。决定论在日常生活中也有广泛的用途，比如定向爆破就是决定论的一个奇妙的应用。但人们在使用"决定论"这个词时，往往还是在非自然科学领域，比如历史决定论等。遗憾的是，决定论在这些领域内，失效的机会远大于成功的机会。

拉普拉斯的决定论即使在哲学上也会引起争议。随着科学的发展，拉普拉斯的决定论过于简单、流于机械的缺点也逐渐暴露出来。相关科学发现证明，事物之间的因果联系远不是只有《原理》所描述的那样单一，而是有着非常复杂的形式，比如，概率确定的形式，甚至还有"测不准原理"等似乎明确表述的不可知情形。但从本质上说，这依然是人们对于事物关系的一种认识。

第三，促进了人们时空观念的建立。

时间和空间是人们生活中最重要的依托。空间是人们生活的舞台，时间则是人们生活必要的量度。长期以来，人们对于时间和空间之间的联系有所认识，比如，中国古代的墨子就连续用"宇"和"宙"来指称时间和空间。

古希腊哲学家德谟克利特把空间看作物质运动的条件。亚里士多德习惯于用"地点"一词来表示空间，并提出了时间连续性的观点。近代以来，很多科学家也对时空问题表达了各自的看法，伽利略甚至提出了时间、空间是物质存在的绝对形式，以及时空无限的观念。

牛顿在《原理》中系统阐述了他的时空观。他写道："绝对的、真正的和数学的时间自身在流逝着，而且由于其本性而均匀地、与任何其他外界事物无关地流逝着。"

由此可知，牛顿的时间是绝对的。第一，时间是不依赖于任何其他物质而独立存在的；第二，时间是一种均匀的流逝，这种流逝不依赖于任何物质而独立地进行；第三，时间是永恒的，没有开始，也没有结束（不过，后来牛顿又把所谓上帝的第一次推动作为时间的开始）。

需要注意的是，我们平常所说的时间的不同，比如北京时间的早上 8 时，在东京只是早上 7 时。这只是人们根据不同的参照体系对时间作出的不同的量度，并不意味着不同地方的时间有所不同。仿照牛顿的话说，不管在北京是 8 时还是在东京是 7 时，在上帝的眼中，其实就是同一个时间。

牛顿在《原理》中同样对空间的绝对性作出了说明。牛顿眼里的空间也是一个与任何物质无关的绝对存在，也不依赖于任何物质（包括时间）而影响其测量结果。空间处于一种绝对的静止状态，是物质发生运动的场所。

后来爱因斯坦提出了新的时空观，由于牛顿强调了时空的绝对性，人们就把牛顿的时空观称为绝对时空观。牛顿的绝对时空观把时间和空间视为两个独立的概念，彼此之间没有任何联系，时间和空间的度量与惯性参照系的运动状态也无关。同一物体在不同惯性参照系中观察到的坐标、速度等运动参数，都可以通过伽利略变换建立起相互的联系。

总之，牛顿给我们呈现了一个和谐而有秩序的世界，并提供了一套有效的工具，让我们相信人类能够认识和了解这个世界。牛顿的成就引起了整个世界的欢腾。英国诗人约瑟夫·艾迪生的如下诗句，能够表达世人对牛顿科学成就的赞美，这也是对于人的理性的赞美。

高高苍天，

蓝蓝太空，

群星灿然，

宣布它们本源所在。

……

就算全都围绕着黑暗的天球

静肃地旋转，

那又有何妨？

就算在它们的发光的天球之间，

既找不到真正的人语，也找不到声音，

那又有何妨？

……

在理性的耳中，

它们发出光荣的声音，

它们永久歌唱：

"我等乃造物所生。"

对牛顿体系的非议

尽管牛顿力学获得的赞誉非凡，但人们对于牛顿体系的非议也从来没有断绝。对此，我们应该感到欣慰，不承认任何权威，应该是一种值得提倡的科学精神。正是这种锲而不舍的、求真求实的科学精神推动了科学的发展和进步。

对牛顿体系的非议最初来自哲学界，其代表人物是英国哲

对牛顿体系的非议最初来自哲学界，其代表人物
是英国哲学家大卫·休谟

学家大卫·休谟。休谟在哲学界以不可知论闻名，他否认事物之间的因果关系。在他看来，当两件事情相继发生的时候，人们往往认为这两件事情之间存在因果关系，前一件事情是后一件事情的原因，后一件事情则是前一件事情的结果。这种推断的真实性和必然性是值得拷问的，因为就我们的观察而言，只能观察到两件事情相继发生，但并没有观察到两件事情之间的任何联系。现今所得出的所有联系，都不过是人们的一种臆断，牛顿力学也不例外，这种结论就是不可靠的。即使我们有一万次观察到太阳从东方升起，依然没有充足的理由断言：明天的太阳依然会从东方升起。

　　休谟用"经常连结"来表述事物之间的联系。他认为，人们认为的所谓的因果联系，并非事物之间的一种本质的联系，不过是我们经常看见这样的一种联系而形成的一种心理习惯。

　　休谟的观点是一种比较彻底的经验主义观点。他把人的认识完全限制在经验范围之内，一旦超出经验范围，一切都是不存在或不可靠的。休谟的观点虽然极端，但他对于因果关系的拷问还是非常有力的。其后一大批哲学家，包括康德、罗素等，都对因果关系进行了深入的研究。

　　对牛顿体系的科学上的怀疑出现在19世纪末，即所谓的物理学上空的两朵乌云。当时物理学界普遍认为物理学的大厦已经建成，所有的重大发现已告完成。遗憾的是，物理学上还存在两朵乌云，一是迈克尔逊·莫雷实验结果和以太漂移说相矛盾，二是热学中的能量均分定律在气体比热以及热辐射能谱的理论解释中得出的与实验不符的结果，以黑体辐射理论出现的"紫外灾难"最为突出。尽管如此，物理学界依然乐观地认为，只要做一些修补工作，这些问题都可以得到解决。

　　然而，两朵乌云直接加速了革命性的新的科学理论的问世：爱因斯坦的相对论和普朗克的量子论。相对论和量子论的产生，使人的认识又进入了一个新的阶段，也对人们的生活观念产生了巨大影响。

第九章

细菌学：将人的寿命显著提高

　　洗手，对今人而言是一件再平常不过的事情。如果你对此有所质疑，人们一定会感到非常奇怪，并对你提出疑问："人怎么能够不洗手呢？"然而一百多年以前，人们提出的问题恰恰相反："人为什么要洗手呢？那多麻烦啊！"造成这种观念改变的就是细菌学。正是洗手这一简单动作挽救了无数产妇和婴儿的生命，所以，洗手是人类最伟大、最功勋卓著的发明之一。

婴儿死亡率直接影响人的平均寿命

　　人类的寿命越来越长，无疑是科学，特别是医学的巨大成就。本文不讨论个体生命的长寿问题，而是把关注点放在人的平均寿命上。请先看下列统计数据：

　　1700 年，人类平均寿命 35 岁。

1800 年，人类平均寿命 37 岁。

20 世纪初，人类寿命从 40 岁提高到 61 岁。

1985 年，全世界平均寿命达到 62 岁。

1995—2000 年，人类平均寿命为 63.9 岁。

2000—2005 年，人类平均寿命为 65.5 岁。

2005—2010 年，人类平均寿命为 66.8 岁。

2010—2015 年，人类平均寿命为 68.1 岁。

2015—2020 年，人类平均寿命为 69.3 岁。

2020—2025 年，人类平均寿命将超过 70 岁。

2007 年 5 月 18 日，第 60 届世界卫生大会在瑞士日内瓦公布了《2007 年世界卫生统计报告》。报告指出："中国人平均寿命为男 71 岁，女 74 岁。"

看到这个统计数据，也许你很容易产生疑惑：难道 18—19 世纪，人的普遍寿命只有三四十岁吗？如果是这样，那么生育孩子的事情是怎么解决的？

其实，这种疑惑源于对"平均寿命"这个概念缺乏理解。所谓"平均寿命"，就是所有人的寿命之和再除以人数的结果。18—19 世纪，成年人的寿命和今天相比，肯定有一些差距（毕竟，经济发展所带来的营养条件的改善和医学发展所提高的病症的治愈率都是不争的事实），但不会相差太大。真正对人类平均寿命影响较大的，是婴儿死亡率。

比如，假设一个村子有 1000 人，其中成年人的平均寿命是 50 岁。如果该村子的婴儿死亡率特别高，比如 30 个婴儿中有 20 个一出生就死了，这 20 个婴儿的寿命就是 0 岁。如此，该村子的平均寿命只有 49 岁（980×50/1000）。但是，如果该村子只有一个婴儿生下来就死了，该村子的平均寿命就是 49.95 岁（999×50/1000）。

人的平均寿命是衡量社会发达程度的重要指标。人的平均寿命的提高主要依赖于科学的发展，具体地说，是细菌学理论的发展。

不洗手直接导致大量产妇死亡

19 世纪中叶，有一个产科医生叫伊格兹·塞麦尔维斯。当时，他在维也纳总医院产科病房工作。维也纳总医院的产科病房被划分成两个区域，一个类似于今天所说的 VIP 病房，专门为达官贵人提供服务。另一个则是普通病房，接收普通的就诊产妇。两个病房的医疗设施基本相同，最大的差别是 VIP 病房的产妇由医生或实习医生负责接生，而普通病房的产妇由一般助产士负责接生。

按理说，VIP 病房的产妇都是受过科班教育的专业人士负责接生，其水平显然高于一般的接生婆。那么，在那里生产应该比在普通病房安全。然而，事实正好相反。VIP病房的产妇死亡率大大超过普通病房的产妇。如1846年，VIP病房就有451名产妇死亡，而普通病房只有90名产妇死亡。

这个现象引起了塞麦尔维斯的注意。经过调查，他发现死亡的产妇多数死于产褥热。现代医学认为，产褥热的主要原因为各种细菌、支原体、衣原体引发的产褥感染，主要有外源性和内源性两个感染途径。若接生时消毒不严或护理不洁，及产妇临产前有性生活等，均可致外界病原菌进入产道引起感染，这类情况称为外源性感染。若产妇机体抵抗力和免疫力下降时，导致寄生于产妇生殖道的病原体数量增加或作用增强时引发的感染，称为内源性感染。

但那时，细菌学理论还没有出现。塞麦尔维斯虽然痛心于如此多产妇在分娩过程中离世，却也弄不清楚原因。他曾向一些资深医生求教，得到的答案简直五花八门。有的认为可能是医院里存在某种瘴气，也有的认为或许与地球磁场有关，还有的说可能是产妇乳腺阻塞导致母乳在体内腐败，等等。

1847年，维也纳总医院的法医学教授科勒什克在从事一项解剖工作时，不小心割伤了自己的手指，结果死于败血症。在对科勒什克进行尸检时，塞麦尔维斯发现尸体所呈现的许多特征与死于产褥热的产妇非常相似。塞麦尔维斯的脑海中突然闪过一个念头：会不会存在某种"尸体颗粒"，它们既害死了科勒什克，也害死了产妇？

塞麦尔维斯在调查过程中发现了一个被大家忽略的情况：VIP 病房的医生并非只负责接生工作，他们还要做一些尸体解剖工作。他们常常解剖完尸体就直接来到产房为产妇体检。那双刚刚碰触过尸体的手又与产妇的身体进行接触。最重要的还在于，在这个过程中，医生居然没有洗手！而普通病房的助产士只是负责接生，没有参与过解剖尸体方面的工作。

出于检验自己猜测的目的，塞麦尔维斯对所有 VIP 病房的医生提出了一项要求：完成解剖操作后必须用石灰水洗手，还要用氯化钙对医疗器械进行消毒处理。很快，效果出来了：1847 年 4—6 月，VIP 病房的产妇死亡率从 18.3% 降到了 2.2%，7 月是 1.2%，8 月是 1.9%，并在后面两个月降到了零死亡率。

效果是如此明显，然而塞麦尔维斯的观点并没有得到医学界同行的认同。医生不能接受产妇的大量死亡竟然是他们行为不当造成的。种种非议和责难向塞麦尔维斯涌来。1849 年，维也纳总医院免去了塞麦尔维斯助理教授的职位。无奈，他只得离开维也纳总医院，回到了他的故乡匈牙利。

塞麦尔维斯在匈牙利的布达佩斯罗切斯医院担任产科主任，

他对自己的产科医生和护士有一个严格的要求——洗手，所以，该医院的产妇死亡率是很低的。这为医院和他自己都赢得了声誉。

塞麦尔维斯在匈牙利的医学周刊上发表了三篇论文来论述自己的观点，由于这三篇论文都是用匈牙利文写的，影响力有限。于是，1861年，塞麦尔维斯用德文撰写了自己的专著《产褥热的病原、症状和预防》，阐述和宣传自己的观点。

医学界依然不愿意接受塞麦尔维斯的观点。在他们看来，所谓"尸体颗粒"完全是塞麦尔维斯的主观臆断，其结果是医学界声誉的极大损害。塞麦尔维斯愤怒了，他写信给之前在维也纳总医院的产科同仁，指责他们是"妇女屠杀的参与者"。自己的成果不被认可、同行的麻木不仁、产妇的惨状总体依旧，这让塞麦尔维斯的精神状况受到极大伤害。他的妻子和朋友将其送到维也纳精神病院。1865年，塞麦尔维斯在精神病院中被守卫打伤，伤口继发细菌感染，数日后去世，享年仅仅47岁。

塞麦尔维斯写过一份遗书，其中有这样一段话："回首往事，我只能期待有一天终将消灭这种产褥感染，并用这样的欢乐来驱散我身上的哀伤。但是天不遂人愿，我不能亲眼目睹这一幸福时刻，就让坚信这一天早晚会到来的信念作为我的临终安慰吧。"

细菌是导致多种疾病的病原体

塞麦尔维斯的工作要得到业界和世人的认可，还需要科学的进一步发展。在这方面，作出突出贡献的标志性人物是罗伯特·科赫。

这里有一个关键词——细菌，相当于塞麦尔维斯当时提出的"尸体颗粒"。虽然早在 1683 年，荷兰科学家安东尼·列文虎克就使用一个自己设计的能放大 200 倍的单透镜显微镜观察到了细菌，但那时人们认为细菌是自然产生的。巴斯德用鹅颈瓶实验指出，细菌是由空气中已有细菌产生的，而不是自行产生的，并发明了"巴氏消毒法"。因此，巴斯德被后人誉为"微生物之父"。

指出细菌可能导致疾病的是罗伯特·科赫。19世纪70年代，科赫在东普鲁士一个小镇当医生。当时，这个地方的牛多患有炭疽病。经过实验研究，科赫在牛的脾脏中发现了引起炭疽病的细菌，并把这种细菌移种到老鼠体内，使老鼠相互感染炭疽病，最后又从老鼠体内重新得到了和从牛身上得到的相同细菌。这一研究证明，某种特定的微生物是某种特定疾病的病原。

随后，科赫相继发现了引起肺结核的病原菌、霍乱弧菌等。通过大量实验研究，科赫提出了一个确定病原菌的重要准则——

洗手作为一项最基本的卫生习惯，渐渐在整个文明社会得到普及

科赫定理，即在患病的生物体内一定能够找到一种细菌，该细菌是导致该生物患病的原因。如果从患病生物体内提取出该种细菌，并将其种植到健康的同种生物体内，该健康生物体也会发生相同病症。

今天，我们已经清楚细菌和疾病之间的关系：细菌就是很多种疾病的病原体。回过头去看看塞麦尔维斯的发现，显然他是正确的。那些不洗手的医生，将从尸体上带来的细菌引到了产妇身上，致使她们患病，乃至死亡。

此后，洗手作为一项最基本的卫生习惯，渐渐在整个文明社会得到普及，这无疑减少了细菌感染的机会，使人患病的可能性大大降低，极大地提高了人的健康水平。

第十章

悖论：致力于揭示思维的缺陷

　　悖论是一种特殊的命题或推理，其特殊性表现在两个方面：其一，命题或推理所表达的结论与日常经验或大众的认知是相违背的；其二，命题或推理所表达或隐含了两个对立的结论。"悖论"这个词很拗口，港台地区的人们习惯于使用的"吊诡"一词也同样拗口。无论悖论还是吊诡，一般人多将其视为一种诡辩。事实上，悖论现象的出现反映了人类对已有的思维逻辑存在某个盲区或误区。

　　在相当长一段时期内，悖论被认为是一个逻辑学问题，许多哲学家和科学家主要从逻辑概念或者推理的角度来分析和澄清悖论。到了 20 世纪初，人们才发现悖论也是一个数学问题。通过严谨的数学推理，悖论问题终于得以解决。

芝诺悖论分析

中国古代最有名的悖论就是战国时期公孙龙提出的"白马非马"，其表述是白马不是马。因为，马是根据对象的形貌而命名，白则是根据对象的颜色而命名，二者分属两个不同的体系，因而白马不是马。

西方的著名悖论是芝诺悖论。经典的芝诺悖论有以下四个。

其一，人们走路永远也到不了终点。

一个人打算从 A 点走到 B 点，必须要先走完路程的 1/2。在剩下的路程中，他同样必须先走完剩下路程的 1/2。如此循环下去，他可以无限接近目的地，但永远不可能到达目的地。另一种表述就是《庄子·天下篇》提出的"一尺之棰，日取其半，万世不竭"。

其二，阿基里斯追不上乌龟。

阿基里斯是古希腊神话中一位跑步健将，跑步飞快；乌龟则是慢吞吞地爬。两者的速度不可相提并论。然而，如果阿基里斯与乌龟举行一场跑步赛，让乌龟在阿基里斯前面 100 米开始跑，阿基里斯则在后面追，这样，阿基里斯就不可能追上乌龟。因为阿基里斯要想追上乌龟，必须先到达乌龟的出发点。当阿基里斯到达 100 米处时，乌龟又往前走了一段距离，比如

10 米。当阿基里斯到达这个 10 米处时，乌龟又往前走了 1 米。如此循环下去，阿基里斯可以无限接近乌龟，但永远也追不上乌龟。

其三，飞矢不动。

假设有一支箭被射出去，这支箭在每一个时刻一定处于空间中的某个确定位置。也就是说，我们在任何一个时刻观测这支箭，它都是静止在空间的某个特定位置。所以，这支箭本质上是没有动的。

其四，一等于二。

假设一个操场上有两支队伍，在一个确定的单位时间（比如 1 分钟）内各自向相反方向移动一个单位距离（比如 1 米）。在旁观者看来，两支队伍之间的距离却是两个单位距离。也就是说，一个单位的移动却形成了两个单位的距离。所以，一等于二。

像这样的悖论，人们通常将其视为诡辩，因为它们讲述的内容与日常生活经验是相悖的。在日常生活中，我们知道阿基里斯一定追得上乌龟，芝诺也很清楚这一点。然而，仅仅因为它与日常经验不相符就指责其胡说八道，是过于简单化了。因为，有些不符合日常经验的论断其实也是科学的。典型的例子就是伽利略落体实验，于相当高度同时落下的两个重量不同的铁球同时到达地面。

芝诺等人提出种种悖论，其目的固然有展示其个人聪慧的因素，但从根本上说，则是为了指出我们认识世界过程中存在的一些误区，尤其是其中的逻辑矛盾。白马非马涉及个别和一般的关系问题，也涉及概念的准确定义问题；人们走路永远也到不了终点、阿基里斯追不上乌龟和飞矢不动反映的是运动的连续性问题；一等于二则是与运动的相对性和参照系有关。如果我们不能理解这些问题的实质，就无法反驳芝诺的悖论。

历史上有许多科学家都提出了各种悖论，这些悖论的探讨直接促进了科学的发展。

罗素悖论的提出与解决

在现代科学中，还有一个悖论产生了巨大影响，即"罗素悖论"。要想说明罗素悖论，必须先讨论数学中的集合论。

集合论，是德国数学家康托尔在 19 世纪末 20 世纪初创立的数学理论。集合论研究集合（由一堆抽象物件构成的整体）的数学理论，包含集合、元素和成员关系等最基本的数学概念。在大多数现代数学公式化中，集合论提供了要如何描述数学物件的语言。集合论和逻辑与一阶逻辑共同构成了数学的公理化基础，以未定义的"集合"与"集合成员"等术语来形式化地建构数学物件。

　　集合论以其简洁而严谨的表达得到了数学界的一致欢迎，几乎所有数学领域都引进了集合的概念。"一切数学成果可建立在集合论基础上"，成了当时数学界的共识。有的数学家甚至欢呼：有了集合论，数学的系统性和严密性已经达到，可以宣布数学大厦的建成了。

　　然而，罗素悖论出现了。罗素悖论，又叫做理发师悖论，由罗素于1901年提出。其准确表述是，在某个城市中有一位理发师，他的广告词是："本人的理发技艺十分高超，誉满全城。我将为本城所有不给自己刮脸的人刮脸，我也只给这些人刮脸。我对各位表示热诚欢迎！"后来前来找他刮脸的人络绎不绝，自然都是那些不给自己刮脸的人。

　　可是，有一天，这位理发师从镜子里看见自己的胡子长了，他本能地抓起剃刀要给自己刮脸，却突然想起了自己的广告语。这一下，他顿时陷入无所适从的状态，因为如果他不给自己刮脸，他就属于"不给自己刮脸的人"，他就要给自己刮脸；如果他给自己刮脸，他又属于"给自己刮脸的人"，他就不该给自己刮脸。

　　罗素悖论以一种非常浅显易懂的方式，带给集合论巨大的冲击，而且冲击的是集合论中最基本的概念，即一个元素是否属

由刮脸引起的罗素悖论思考

于某个集合不是那么容易确定的，甚至是不能确定的。如果把
每个人看成一个集合，这个集合的元素被定义成这个人刮脸的
对象。那么，理发师宣称他的元素都是城里不属于自身的那些
集合，并且城里所有不属于自身的集合都属于他。那么他是否
属于他自己？集合论将如何确定理发师究竟属于哪一个集合？

　　德国著名逻辑学家弗雷格写了一本关于集合的基础理论著
作，然而，他将这本著作送到印刷厂准备付印时，获悉罗素悖
论，又不得不悲哀地在书的最后加上了一句话："一个科学家
所碰到的最倒霉的事，莫过于是在他的工作即将完成时却发现
所干的工作的基础崩溃了。"

　　当然，我们可以对理发师的广告做一个简单的修改来解决
理发师的困境，如将他自己排除在所表述的范围之外。但这样
不过是在一个自称完美的大厦外加了一个补丁，实在是有损于
这座数学大厦的磅礴气势。显然，数学家不会满足于这样的解
决方案。

　　数学家为了解决罗素悖论花了大量精力，目的在于完善康
托尔集合论的缺陷，使数学大厦建立在真正坚实的基础上。详
细介绍数学家的解决方案太过高精专，不是本书的内容。只要
看一看对解决方案的两个看似相互矛盾的要求，你就会感觉到
科学家是在走钢丝（要求极高），突破矛盾的关键就在于找到

一个恰当的平衡点。

这两个要求是：解决方案必须足够狭窄，以保证能排除一切矛盾；同时解决方案必须充分广阔，使康托尔集合论中一切有价值的内容都能够保存下来。最后，策梅罗等人提出的 ZF 公理系统和冯·诺伊曼等人提出的 NBG 公理系统，很好地解决了罗素悖论问题。

罗素悖论所提出的问题，在日常生活中经常遇到。比如，城管或爱卫会之类的机构在一堵墙壁上张贴一张告示，上面写"此处禁止张贴"。这张告示要表达什么意思人们都清楚，问题在于这张告示在做什么？它难道不是在"张贴"吗？

它的确是在张贴，但是，它的张贴行为并不违反告示的规则。恰如罗素悖论中的理发师一样，人们的日常行为往往含有两个方面的意义。其一，行为的内容包含行为本身；其二，行为的内容不包含行为本身。只是，在罗素悖论提出之前，人们并没有意识到这个问题。

罗素悖论还对人的思维逻辑提出了更严格的要求。笔者花费大量功夫阐述逻辑对于人的重要性。即使在本书中，也对欧氏几何的逻辑体系予以很高的评价，但是我们要清楚，逻辑结论的可靠（准确的表达是演绎结论的可靠）性立足在逻辑规则无懈可击的基础之上。如果逻辑本身存在瑕疵，那么逻辑结论就是可疑的。

　　我们都对这句话很熟悉，即"实践是检验真理的唯一标准"。就其产生的时代而言，这句话在政治上无疑具有极大的、积极的促进意义，它对反对当时僵化的教条主义、冲破本本主义的禁锢具有重要作用，推动了人们思想的解放。但是，从科学和哲学的角度看，这一口号有其过于绝对之处，问题在于"唯一"二字。许多真理是无法用实践来检验的，比如大量数学中关于无穷的定理。实践中永远不可能做出一个"无穷"，关于"无穷"定理的证明只能依靠严谨的逻辑来推理，所以严谨的逻辑同样是检验真理的标准之一。

　　政治具有极强的指导性、思想性，这句话的本意是接近真理本身需要通过实践来检验，在相应的时代背景下具有其正确性。而今科学飞速发展，高精尖理论的检验已超出刻板印象，走进社会、走近群众的"实践"，上升到思维层面的归纳、演绎。经得起检验的理论同样属于真理。由此可见，科学以求真为宗旨不会变，也不具备政治含义的复杂性，科学的纯粹在思考中显得极具魅力。

第十一章

统计学：把决策建立在科学基础上

　　在日常生活中，领导干部所面对的一些问题，确实称得上千头万绪，很是复杂。如何从中理出头绪，看清楚问题的关键，从而拿出一套行之有效的办法，对于领导干部的智慧、才识和经验都是一个考验。

　　在这里可以提供很大的帮助的科学就是统计学。统计学通过搜索、整理、分析、描述所涉及对象的相关数据等方式，以求接近对象的本质。统计学以客观真实为前提，以客观真实的数据作为对象本质的表现，再进而分析这些数据所反映出的实质内容。以这样一种方式作出的决策，理论上说可以最大限度地减少甚至消除决策者的主观臆断。

统计学通过影响决策来影响生活

一夫一妻制是今天大多数国家实行的婚姻制度。这个制度的普遍实行，也是有着科学支持的。由于人性、人的生理结构等原因，当然，更是出于男权社会的影响，在相当一个时期内，人类是实行一夫多妻制的。

17 世纪，英格兰有一位服饰杂货商人格兰特，无聊之际，他做了一件事情来消遣。他认真研究了英国一些城市的死亡记录，结果发现，出于事故、自杀和各种疾病的死亡率基本保持不变。他又研究起了英国一些城市人口的出生率，结果表示男婴的出生率高于女婴。进一步研究表明，由于受到职业因素的危害和战争因素影响，实际上适婚年龄的男女人数是差不多的。如此，一夫一妻制就应该成为人类婚姻的自然形式。

格兰特的工作引起了他的朋友、解剖学教授佩蒂的兴趣。佩蒂认为，对于一些社会现象和社会问题，应该像物理学一样定量化，通过一些数字、定量或测量来揭示其中的深刻原因。

佩蒂将这种做法命名为"政治算术"，认为它是"利用数字处理与政府相关问题的推理艺术"。今天，这项研究已经成为一个专门的学科，叫做统计学。然而，我们不得不佩服格兰特和佩蒂的洞见。统计资料在政府决策过程中起着非常重要的作用，把它说成政府决策的重要依据也是恰如其分。我们的各级政府都设有统计局或类似的职能机构。公布各种统计数据，也成了政府的规定动作。

随着工业革命所带来的大规模生产方式，城市化成为势不可挡的浪潮。然而，越来越多人涌入城市，各种"城市病"也就随之产生了。如何更准确和实效地处理这些海量人口的就业、消费、交通，甚至垃圾处理等问题，成了政府最棘手的工作。于是，"政治算术"或者说统计学应运而生。不过，这已经是佩蒂提出"政治算术"一百多年以后的事情。

统计学对我们生活的影响，首先就是通过影响政府决策来影响公众生活。比如，国民的富裕程度，将直接影响政府制定经济发展方略。而国民富裕程度材料的获得，就得采用统计调查的方法。

如张三是贵州山村的一个村民，家庭总财产不过 10 万元；马云是首富，资产超过 1000 亿元。如果统计人员只抽取他们两人作为调查样本，那么得出的国民"平均家庭财产为 500 亿零 5 万元"。如此，中国就成为一个超级发达的国家。但我们都清楚，这样的统计结果肯定不是国情的真实反映。网民对此有一个无奈的自嘲："张三'被平均'了。"

一些地方每每爆出的统计数据造假案，国家统计局发布的

一些统计数据遭人诟病等，都从反面证明了统计数据是有价值
的。所以，要想得到真实的、符合现实状况的统计数据，必须
要有科学的态度和科学的方法。当然，科学家也在不断改进统
计方法，以更加接近求真的目标。

　　除了经济政策、人口政策等宏观决策，政府一些微观的纯
技术性决定，如是否应该在哪里建设一个公共厕所、某条交通
要道是否需要设置单向限行，等等。科学的做法也应该根据符
合实际的统计数据做出决定，这样才能给人们的生活带来最大
的便利。

　　统计学也并非只是为政府决策提供服务。遗传学家孟德尔
就是通过统计找到遗传规律的。一个优秀的企业家也一定会通
过统计数据来制定诸如商场选址、广告投放等决策。除了数据
本身符合或基本符合实际情况，对统计的数据进行正确解读或
许是一个更严峻的考验。这涉及统计人员和统计数据的使用者
的价值观，也与他们的学识修为有关。

　　比如，统计数据显示，近年来死于癌症的人数比50年前有
较大的增长。那么，我们是否可以得出结论说，今天的生活环
境和生活方式更有可能导致人们患上癌症呢？结论可能没有这
样简单。我们必须考虑到，首先，今天的医学水平比50年前
提高了许多。由于受医学水平的限制，5年前一些死于癌症的

患者并没有得到查明。其次，癌症一般说来是老年人更容易患上的疾病，今天，人的寿命比 50 年前提高不少，如此，癌症患者的增加更可能是出于寿命增长而非生活环境的因素，等等。

所以，统计学不仅仅是包含自然科学的内容，也包含大量人文、社会、科学方面的内容，是一门综合性很强的学科。统计学的出现，同样给人的思维方式带来深刻的影响。特别是在面对复杂现象和复杂问题时，统计学告诉我们一定要力戒主观随意的猜测、冲动的个人判断，而是通过严密的数据测试或数据调查来形成并佐证自己的结论。

一件事情发生的概率决定着你对待该事的态度

概率论是研究随机现象数量规律的数学分支。人们发现，世界上的概率现象有两类，一类是确定性的，如将自来水烧煮到 100℃就一定会沸腾（简略的说法）；另一类则是随机的，如抛掷一枚硬币，到底是哪一面向上就不能事先确定，而是随机出现。概率论就是研究在随机现象中某一特定状况出现的可能性的科学。

概率论直接诞生于赌博行业。文艺复兴时期，意大利有一位数学家、医学家叫 J·卡当，他热衷于赌博。有一天，他萌生了把自己的专业知识运用在赌博上的想法。于是，他开始研

统计学的出现，给人的思维方式、生活方式带来深刻的影响

究诸如"获得 7 点"或得到扑克牌"A"的机会的问题。这就是概率论的萌芽。

之后，又一个赌徒梅累产生了同样的想法。然而，梅累并无数学天分，只有求教当时的法国数学家帕斯卡。帕斯卡接受了他的问题，开始对这个问题进行深入研究。其间，针对一些问题，他还和大数学家费马讨论。在这个过程中，他们频频通信，互相交流，也得到了概率论的一些基本成果。

简单地说，概率论就是一门研究可能性并确定可能性有多大的科学。如我们抛掷一个骰子，你知道出现 6 的可能性有多大吗？概率论告诉你，一个骰子有六个面，分别对应 1—6 六个数字。在抛掷骰子时，每个数字出现的可能性是一样的，也就是说，出现 6 或其他任何一个数字的可能性都是 1/6。

在生活中，我们随时都会面临一些可能性的问题。比如，出门时考虑下雨的可能性有多大，以决定是否带上雨伞；晚上约了朋友一起喝酒，要考虑堵车的可能性有多大，以决定是否需要提前出门。

只是，日常生活中所需要的可能性大都是不太精确的，只要有一个大概的估计，就可以应付。然而，今天大家都离不开的一个东西——保险，和概率论有着密切的关系。正是概率论为保险行业提供了科学支持。

　　无论是人身险还是财产险，都有保险公司收取你多少保险费的问题。保险费收少了，保险公司就可能赔钱；保险费收多了，影响保险人购买，也减少了保险公司的收入。因此，保险公司收取多少保险费，取决于它对于你出现意外的可能性大小的判断。

　　比如，你投保一份养老保险，保险公司当然会对你的身体状况和家庭状况做一个基本了解。但是，如果你认为保险公司会详细地调查你患各种严重疾病，诸如癌症、高血压等的可能性，以及你遭遇交通事故或受刑事犯罪伤害的可能性，以此来评估你需要缴纳的保险费金额，那就大错特错了。因为，这样会使得保险公司每一单业务的成本非常之高，以至于完全无法承受。

　　保险公司惯常的做法是，在你居住的城市有十万个客户购买了该项养老保险，它只需要了解该城市一定年龄段，如从50岁活到80岁的人有多少，以及该城市的交通事故死亡率、恶性刑事犯罪率等数据，然后就可以计算出一个既有市场开拓前景，风险又最低的保险费金额。具体某个客户的准确状况并不是它关注的重点，它只要关注十万个客户所收取的保险费一定要大于可能支付某些客户的赔偿金即可。因为，保险公司对于张三所支付的赔偿金，一定来自李四、王五等人所缴纳的保险费。

概率论在日常生活中应用的另一个例子是购买彩票，这本质上是一种赌博。彩票中心，无论是体育彩票还是福利彩票，其发行彩票设定的奖项依据都来自概率论的推算。彩票中心的想法是，虽然可能有人仅仅花 2 元即可中得 500 万元奖金甚至更多，但从总体上说，一定是彩票购买者居多，这样他们才有可能筹集资金用于体育事业、福利事业或其他社会活动。

一张彩票的价值取决于该彩票的中奖金额与中奖率的乘积。彩票的中奖率很低，但如果中奖金额特别高，那么彩票的价值依然可观。只是，我们国家的政策对彩票的中奖金额设定为上限 500 万元（即使加上各种特殊规定，一般也不会超过 2000 万元），所以计算中奖金额和中奖率的乘积一定是不乐观的。

体育彩票中的超级大乐透，其奖池总额已经超过 46 亿多元，即使它的中奖率只有 1/17644704，但是，其与奖金总额的乘积达到 260 多，即你完全可以花钱包揽下全部彩票，这样最后也可以获得超过成本 260 倍的收益。只可惜奖金上限的规定使这种可能性完全不存在。

尽管如此，通过购买彩票获利也并非不可能。当然，前提是你不要总是惦记那 500 万元，只要你的总收益大于总投入即可。比如福利彩票中的双色球，你只要买中一个蓝球，就能得到 5 元的奖金，收益是投入的 2.5 倍。蓝球一共有 16 个号码，每一个号码开出的概率是 1/16。理论上，如果你采用守株待兔的方式紧盯一个号码，通过精心计算，采取类似于等比级数的方式购买彩票，一旦中奖，你的收益也是相当可观的。但实际上，这样的操作也是不可能的，如果你买 100 次都未中，那么 2 的100 次方这样一笔购票款将远远超出你的经济财力承受范围。

所以，简单地采用倍加的方式追号是不可取的。你可以换一种思路，比如某个蓝球已经有 70 期没有开出，这时考虑追一下其实未尝不可。

有一种说法是，彩球是没有意识的，以前所发生的事件不会对它产生影响，所以即使某球已经 70 期都没有开出，可它下一次开出的概率，以及它每一次开出的概率依然会是 1/16。如果你只是偶尔心血来潮买一次彩票，这种说法是正确的。但是，对于一个坚持追号的彩迷来说，真正的表述应该是这样：正因为彩球没有意识，如果开奖过程是公正的话，那么每一个彩球的开出概率一定是倾向于 1/16；如果某个彩球长达 70 期都没有开出，那么它随后开出的概率就会增大；它没有开出的期数越多，下一次开出的概率越大，因为它会自然地向 1/16这个概率靠拢。

概率论正以一种潜移默化的方式影响着我们的观念和行为。比如购买一套商品房，我们一定会选择购买经过相关部门验收合格的楼宇，而不会去购买那些未经验收或验收不合格的楼宇。这个决策过程，本质上是概率论支配你做出的：经过验收合格的楼宇（我们默认验收环节是公正严谨的），其倒塌的可能性很小；相反，如果不经过验收或验收不合格的楼宇，其倒塌的可能性会大大增加。无论是出于生命安全或财产安全的考虑，你都不会选择购买一个倒塌可能性较大的楼宇。

有一个寓意深刻的故事是这样的。空军委托某企业制造一批降落伞。该企业交货后，向军方提供的产品合格率是99.6%。也就是说，在1000个降落伞中，可能有4个是不合格的。这就意味着，如果有1000个伞兵使用这些降落伞，就可能有4个伞兵会丧命。军方不满意这个结果，要求工厂一定要做到100%的合格率。工厂搬出概率论，说100%的合格率是不可能保证的。军方不想和企业讨论这样的学理问题，而是直接规定：每一批出厂的降落伞必须由企业老板亲自进行跳伞试验，测试其合格率。于是，该企业出产的降落伞合格率达到了100%。

所以说，一个事件发生的概率决定着我们对待该事件的态度，准确描述了人的思维过程。张三开口向你借钱，你是否会把钱借给他，除了考虑交情等因素外，张三还钱的可能性有多大更是你首先要考虑的一个问题。

第十二章

耗散结构：为开放提供科学根据

改革开放四十多年，中国的经济取得了迅猛的发展，百姓的生活条件总体上也有了显著改善。在漂亮的居室里歇息时，开着豪车带女友外出郊游之余，你或许偶尔也会赞叹改革开放政策让你的家庭和生活都变好了。但你很可能没有意识到，改革开放的正确性并不仅仅体现在政治上，还在于它符合科学的道理——只有一个开放的体系才能够保持稳定。这门科学叫做耗散结构理论。

令人沮丧的热力学第二定律

每一个接受过初等教育的人都知道热力学第一定律。它的规范表述是：热量可以从一个物体传递到另一个物体，也可以与机械能或其他能量互相转换，但在转换过程中，热量的总值保持不变。这个定律其实是能量守恒定律的一个特例，即热量守恒。

热量或能量在人们的生活中具有广泛的用途。既然科学规律告诉我们能量永远不会减少，我们也就没有必要珍惜它了，可以肆无忌惮地消耗大自然恩赐给我们的各种能量。然而，事实并非这样，如石油危机等能量短缺给人类带来了极度的生活不便及心理恐慌。

因为大自然除了遵循热力学第一定律，还遵循热力学第二定律。第二定律比较复杂。它的表述形式有多种版本，较为普遍接受的是克劳修斯表述和开尔文表述。前者说：不可能把热量从低温物体传向高温物体而不引起其他变化；后者说：不可能制成一种循环动作的热机，从单一热源取热，使之完全变为功而不引起其他变化。

这两种表述在理论上是等价的。意思都是说，当我们出于某种目的而消耗热量时，热量一定不会完全地转化为我们的目的。在这个过程中，热量必然会发生不可逆的减少。

第二定律实质上是对于第一定律的补充：虽然总体热量不变，但每一次热量的转换，总会导致热量的浪费。虽然浪费的那一部分热量也是热量，然而这部分热量于人类及人类的活动却没有任何意义。换句话说，人们在进行热量转化的活动时，一定会发生热量的减少。

　　第二定律还有一种更加体现本质的表述——熵增原理，即孤立系统的熵永不自动减少，熵在可逆过程中不变，在不可逆过程中增加。熵，是热力学中表征物质状态的一个概念，其物理意义是体系混乱程度的度量。熵增原理表明，热力学第二定律是一个关于大量分子无规则运动所具有的统计规律。

　　举个例子，假设我们把一滴墨汁滴入一碗清水中，墨汁的分子运动自然发生的结果必然是墨汁会慢慢地散布于整碗水中，即碗中的混乱程度增加，也就是熵增。如果我们希望将这碗混合了墨汁的水再重新分开为清水和墨汁，那一定不是一个会自然发生的现象，必须借助外力的干预。

　　在众多的科学定律中，热力学第二定律也是一个比较特殊的定律。

　　第一，从表述方式上看，它存在多种表述形式，科学家似乎没有（也许是还未能）找到一种通用的表述方式。这种多样性反映出该定律的复杂性。

　　第二定律的克劳修斯表述如是说：在自然条件下，热量只能从高温物体向低温物体转移，而不能由低温物体向高温物体转移。要想把热从低温物体转移到高温物体，一定要消耗功，也就是要借助外力。

第二定律的开尔文表述如是说：自然界中任何形式的能都很容易变成热，但反过来，热却不能在不产生其他影响的条件下完全变成其他形式的能。这就是说，热机能连续不断地将热变为机械功，一定伴随热量的损失。

这样的表述，尤其是克劳修斯表述，与人们的日常生活经验是吻合的。但科学家从不认为与日常经验吻合就是天经地义的，恰如太阳每天从东方升起，就认为太阳"当然应该"从东方升起，科学家总是要探究其中的原因。

第二，对定律的解释和质疑也是比较多的。

对第二定律的权威解释是分子运动论：做功是大量分子的有规则运动，热运动则是大量分子的无规则运动。无规则运动要变为有规则运动的概率极小，而有规则的运动变成无规则运动的概率较大。一个不受外界影响的孤立系统，其内部自发的过程总是由概率小的状态向概率大的状态进行，由此可见，热是不可能自发地变成功的。

麦克斯韦试图通过一个理想实验对第二定律提出质疑。麦克斯韦设想了这样一个封闭容器，容器被分为两个部分，中间用一道小门隔开。这个与外界彻底隔绝的容器里充满"温度均匀"的气体。根据熵定律，在均匀的温度下分子是不能做功的。于是麦克斯韦在那道小门边放置了一个妖精（被称为"麦克斯

韦妖"）。这个麦克斯韦妖能识别分子，它让高速运动的分子
从左边部分进入右边部分，又让低于常速运动的分子从右边进
入左边。"既然高速运动的分子与高温对应，而低速运动的分
子又与低温对应，那么右面部分的气体温度就会上升，左面部
分的气体温度就会降低。" "一旦建立了温差，那就可以用它
来驱动热机作功了。"这样一来，麦克斯韦就打破了热力学第
二定律。

　　不过麦克斯韦的这一理想实验也遭到西拉德的反驳。西拉
德认为，如果麦克斯韦妖真正存在，那么它观察分子速度及获
取信息的过程必然产生额外的能量消耗。

　　第三，第二定律还衍生出一些副产品。

　　第二定律是一个让人沮丧的定律。按照这个定律，人类在
不断地把有价值的热量变成毫无价值的热量，那么总有一天，
这个世界会被这些毫无价值的东西所充满。地球就成了一个废
墟垃圾场。

　　这种沮丧情绪还在学界形成了一种热寂说。该学说认为，
人类所产生的那些废弃的热量的累积，终将使地球因为过热而
不适合人类生存，这就是热寂。人们对热寂说的反驳是：第二
定律只能适用于由很大数目分子所构成的系统及有限范围内的
宏观过程，而不适用于少量的微观体系，也不能把它推广到无

限的宇宙。

第四，更重要的还在于第二定律显示出与其他科学理论的矛盾。

最典型的是与进化论的路径完全相反。第二定律说，物质的演化总是朝熵增加、向混乱的方向进行。但进化论告诉我们：生物的进化总是由低级到高级，朝熵减少、向有序的方向进行。第二定律描述的是一个退化的方向，进化论给出的则是一个进化的方向。

开放意味着有序和稳定

自然界到底是在进化还是退化？它的变化方向到底是有序还是无序？这个根本性的问题摆在科学家面前。比利时科学家普利高津"被科学在看待时间的方法上的巨大矛盾惊呆了，正是这个矛盾促使他从此开始了他一生的工作"。

普利高津试图把热力学和动力学、热力学与生物学统一起来。他坚信，在一定条件下，不可逆过程会产生令人讨厌的消极作用，但在另一类条件下，对不可逆过程的研究可能会带来理论和实践上具有重大意义的结果。普利高津以及他领导的布鲁塞尔学派潜心研究了自然界中存在的远离平衡态的有序结构、生物和生命现象。经过二十多年的工作，终于创立了一种新的关于非平衡系统的自组织理论——耗散结构理论。

　　按照耗散结构理论，一个远离平衡态的非线性的开放系统（无论是物理的、化学的、生物学的，还是社会的、经济的系统），都会不断与外界交换物质和能量，在外界条件变化过渡到一定程度，系统内部某个参量变化过渡到一个临界值时，经过涨落，系统可能发生突变，即非平衡相变。那么，该系统将会由原来的混乱无序状态转变为一种在时间上、空间上或功能上的有序状态。这种在远离平衡的非线性区形成的新的稳定的宏观有序结构，因为需要不断与外界交换物质或能量才能维持，所以称为"耗散结构"。

　　普利高津对非平衡势力学，特别是耗散结构理论作出了重大贡献，1977年被授予诺贝尔化学奖。即使上述已经对耗散结构理论有一个初步的介绍，也有必要弄清楚以下几个概念。

　　平衡态，也就是系统各处可测的宏观物理性质均匀（系统内部没有宏观不可逆过程）的一种状态。平衡态系统既遵循热力学第一定律，即系统内能的增量等于系统所吸收的热量减去系统对外所做的功，也遵循热力学第二定律，即系统的自发运动总是向着熵增加的方向。

　　近平衡态，指的是系统处于离平衡态不远的一个线性区。近平衡态遵循昂萨格倒易关系和最小熵产生原理。前者可表述为：Lij=Lji，即只要和不可逆过程 i 相应的流 Ji 受到不可逆过程 j 的力 Xj 的影响，那么，流 Ji 也会通过相等的系数 Lij 受到力 Xi 的影响。后者意味着，当给定的边界条件阻止系统达到热力学平衡态（即零熵产生）时，系统就落入最小耗散（即最小熵产生）的态。

远离平衡态是相对于平衡态和近平衡态而言的，指系统内可测的物理性质极不均匀，此时，系统的热力学行为与用最小熵产生原理所预言的行为相比，可能颇为不同，甚至实际上完全相反，正如耗散结构理论所指出的，系统正走向一个高熵产生的、宏观上有序的状态。

开放系统。热力学第二定律说，一个孤立系统的熵一定会随时间增大而达到极大值，系统达到最无序的平衡态，所以孤立系统绝不会出现耗散结构。相反，在一个开放系统中，不但系统内部在产生熵（即熵增），而且系统还与外界进行着熵交换。交换的结果是系统的熵可能增加，也可能减少。如果其结果是熵增为负数，即熵减少，那么系统就会进入相对有序的稳定状态。

简单地说，耗散结构理论给我们的答案是，只有开放的、能与外界进行物质、能量和信息交换的系统，才能形成稳定的有序结构。这个系统并非只限于自然系统，人类社会这个大系统以及它的各个子系统同样适合这个规则。

人体是一个远离平衡态的系统，只有保持动态平衡才能存在。一种绝对的平衡，如人体的动脉、静脉各部分的血压都平衡了，毛细血管有效过滤压也等于零，这就意味着这个人体已经死亡。

人体还包含多个多层次的子系统。从横向看，包括骨骼、肌肉以及神经、消化、呼吸、泌尿生殖系统等子系统。从纵向看，包括群体、个体、器官、组织、细胞、亚细胞、分子、量子等层次。此外，还有与上述要求有关而又自成一体的免疫系统，等等。而且各子系统之间、各层次之间存在复杂的联系和相互作用。人要想活着，不仅要吃喝、吸气，也要排泄、呼气，即要不断与外界保持能量的交换。

所以，一个健康的人体一定是一个耗散结构——远离平衡态的开放系统。要想人体系统保持有序和健康，必须保持自己的开放性。每一个人的头上都有一个脑子，这个脑子是用来思考的。只有吸取人类一切先进的思想和文化，对所见所闻进行思考，加以充分的比较和鉴别，才能真正形成自己的判断和意见，而不是人云亦云，把一些自己都觉得似是而非的东西当成所谓的"真理"。

一个健康的人体一定是一个耗散结构，
要想保持身体有序健康，必须保持自己的开放性

第十三章

《几何原本》：关于人性的公理

　　《几何原本》是人类史上最伟大的著作之一。它不但为科学的发展提供了有力和有效的工具，而且，不少思想家还将其方法用于对人性和人类社会共性的探索。虽然由于人及人类社会的复杂性，后一个探索迄今仍未能取得普遍认同的结论，但是，这样的探索，无疑对于我们构建"人类命运共同体"的努力，同样有着方法论上的贡献。

《几何原本》的巨大贡献

　　在众多被称之为"科学"的学科中，几何学，更准确地说，平面几何学在今天已经是一门被"终结"的学科。一个立志研究科学的人试图把自己的心力全部投入平面几何领域的研究中，将注定不可能取得任何可观的成就，因为，这门学科的发展已经达到尽善尽美的程度。英国哲学家托马斯·霍布斯甚至认为，几何学是上帝赋予人类唯一的科学（那时还没有出现非欧几里得几何学）。

使平面几何取得如此地位的功勋人物，就是古希腊数学家欧几里得（公元前330年至公元前275年）。他撰写了一本不朽名作《几何原本》，也因此被称为"几何之父"。我们所称的平面几何，更专业的名称叫"欧几里得几何"，或简称"欧氏几何"。

在《几何原本》中，欧几里得把公元前7世纪至公元前4世纪（欧几里得生活时期），前后总共400多年的古埃及的数学发展成果做了一个大汇编。但这种汇编并非简单地汇聚成册，而是创造了一种全新的方法。

《几何原本》以定义、公设、定理为主干，先对相关概念予以明确的定义，再提出五条公理和五条公设（如今已不再区分公理和公设），最后根据概念和公设，一步一步推导得出所有几何学定理，从而构建起欧几里得几何学的大厦。《几何原本》固然有其科学知识（几何学知识）方面的巨大价值，然而，它对于人类文明史上的贡献却远远不止这些具体知识。至少，它在两个方面的影响力都是更巨大的。

其一，是在方法论上的影响力。这包含以下三个要点：

第一，定义的准确。今天的学生在课堂上时不时还能听见老师说这样的话："一定要把概念弄清楚。"因为，准确的概念是理解其后续知识的前提，也是相互讨论问题的基础。

第二，公设的提出。公设或称公理，是一个具有正常认知的人，凭借经验和常识就能够加以理解和接受的"不证自明"的道理。

第三，严密的逻辑论证。欧几里得从定义和公设出发，经过严密的论证，证明了所有几何学定理的正确性。

这套方法论的影响不仅体现在数学和其他自然科学之中，也体现在其他人文社会科学之中，甚至体现在人们的日常生活之中。定义的准确性告诉我们，处理任何事情前一定要弄清楚问题的性质，要对问题作出明确的界定。

公设的必要性在于，严格的科学讨论必须要有一个起点。只有从这个确定无疑的起点出发，我们才可以进行下一步的深入探讨。公设就是这样一个起点，有了确定无疑的公设做基石，才能够建立起科学的大厦。

作为比较，我们可以看看经常使用的字典，它就是用一些字来解释和说明另一些字，但它未能提出确定无疑的公设，即哪几个字是其义自明的，从这几个字出发就能解释和说明所有的字的含义。所以，如果仔细探究，一定会发现字典存在循环论证的缺陷，即用 A 说明 B，又用 B 来说明 A。

欧几里得所采用的论证方式是一种典型的演绎论证，演绎论证是欧几里得对于人类最大的贡献之一。根据演绎论证，只要前提是正确的，那么由前提得出的结论就一定是正确的。这实际上是为后人获取正确的知识提供了一条有效的途径。

其二，也许是更重要的，它向我们展示了理性的力量。

人们在日常生活中会接触大量各式各样的几何图形，然而不管这些图形具体以什么样的形式呈现，它们都必然服从于欧几里得在《几何原本》中为它们定下的"规矩"。重要的是，这些规矩——几何学上的定律，是凭借理性的力量一条条推断出来的，这在极大程度上增强了人们处理和这个世界关系的自信心。

思想家对于公理的探索

17 世纪，牛顿的巨大成就带给世人惊叹的同时，也让许多人感受到了强烈的刺激。在这些人看来，整个物质世界是那么有序地运行着，可是人呢？同样作为上帝创造的世界的一个组成部分，人的行为却是这么不可捉摸。

卢梭曾感叹，人类"怎样以自己的理性的光芒突破了自然所蒙蔽着他的阴霾，怎样超越了自身的局限而神驰于诸天的灵

霍布斯是牛顿的同时代人，他对于物体的运动周期问题颇感兴趣

境，怎样像太阳一样以巨人的步伐遨游广阔无垠的宇宙，那真是一幅宏伟壮丽的景象；然而返观自我以求研究人类并认识人类的性质、责任和归宿，那就要格外宏伟和格外难能了"①。卢梭呼吁建立一门专门研究人的人文科学。但是，他反对采用物理学的实验方法来研究这门科学，因为这种方法是由哲学家提供方案，由皇室来组织实施。笔者更感兴趣的是，一向以情感型思想家著称的卢梭，这个时候考虑的却是采用欧几里得的方法，从基本的原理出发，通过演绎推理来获得理性的发现。

前面谈及，欧几里得的《几何原本》得以成功的关键性因素就是公理的选定。所以，许多思想家都致力于寻找一些关于人和人类社会的"公理"。

霍布斯是牛顿的同时代人，他对于物体的运动周期问题颇感兴趣。与牛顿不同的是，他不是采用物理学的实验方法来研究运动，而是自己构想了一套物体运动的原理，并试图采用这套原理来解释物体的运动。

尽管霍布斯的运动原理在科学史上起不到什么实质作用，但他却把这个观念引入到他对社会政治问题的研究中。他认为，一切物体都在按照某种必然的因果规律运动，国家作为"人造

① 卢梭：《论科学与艺术》，何兆武译，商务印书馆，1963年，第6页。

的物体"，也一定会受到因果规律的制约。这种规律存在于人类的心灵之中，可以通过观察被发现出来。

霍布斯将他提出的"公理"称为"自然原则"，内容是："每一个人按照自己所愿意的方式运用自己的力量保全自己的天性，也就是保全自己的生命的自由。"根据这个原则，霍布斯推导出两条法则。其一，"每一个人只要有获得和平的希望，就应当力求和平；在不能得到和平时，他就可以寻求并利用战争的一切有利条件和助力"。其二，"在别人也愿这样做的条件下，当一个人为了和平与自卫的目的认为必要时，会自愿放弃这种对一切事物的权利；而在对他人的自由权方面满足于相当于自己让他人对自己所具有的自由权利"[1]。简单地说，霍布斯想表达的是，人人都具有保护自己的天性，为了保护自己，他有权采取一切有效手段（包括战争），也包括为了达到保护自己的目的而让渡自己的某些权利。

英国哲学家约翰·洛克在《政府论》中对一些习惯用语也给予了重新定义。比如财产，不仅仅是指金钱、土地、工厂和珠宝等，还包括更重要的生命和自由。洛克所确定的社会"公理"

---

[1]　霍布斯：《利维坦》，黎思复、黎廷弼译，商务印书馆，1985年，第102—103页。

是"每个人在自然状态下都是同样自由而平等的"。洛克根据他的"公理"，论证了私人财产是先于政府而存在的，政府也是为了保护私人财产才形成的。

其他许多思想家，如乔治·贝克莱、大卫·休谟、詹姆斯·穆勒等，都在自己的哲学著作中尝试提出各种各样的人文科学"公理"，并试图据此演绎推导出支配人的思想和行为的规律。他们所提出的"公理"包括：人生而平等；知识与信仰来自感觉世界；趋利避害是决定人行为的基本力量；人类对文化和环境的影响是众所周知的、固定的；人都根据个人利益而行动；政府应当追求绝大多数人的最大幸福等。

显然，这些"公理"并不都像几何学的"公理"那样"不证自明"，更不用说被普遍接受了。不但这些"公理"的具体内容不同，就是提出这些"公理"的人所持的基本立场或者说选择"公理"的目的也不同。如霍布斯是寻找为君主制辩护的"公理"，伏尔泰则致力于寻找开明君主政体的"公理"，杰里米·边沁则努力为民主寻找"公理"，等等。

洛克看到了这一点，他指出一些所谓的"公理"命题，"不但不曾得到普遍的同意，而且人类大部分根本就不知道这回事"①。所以，洛克以"每个人在自然状态下都是同样自由而平等的"为"公理"，在其著作《人类理解研究》一书中，他还是对这个命题作出了详细说明。他反对当时颇为流行的"天赋观念说"，认为人没有任何观念是天赋的，"人心如白纸似的，没有一切标记，没有一切观念"，那么人又如何有了那些观念呢？"我可以一句话答复说，它们都是从'经验'来的，我们的一切知识都是建立在经验上的，而且最后是导源于经验的。"②既然大家都是"白纸"，平等也就不言而喻了。

尽管对于所谓的"人文科学"的"公理"的认识差别是如此之大，并不能由此认为他们的努力就没有价值。事实上我们清楚，其中有的论断，比如"人生而平等"，至少在口头上已经得到相当普遍的认同，因而成为某种意义上真实的"公理"。当然，我们今天的习惯用语不叫做"公理"而叫做"普世价值"。在对人的行为的数学化方面，边沁甚至试图把人的思想和行为定量化。

边沁（1748年2月15日至1832年6月6日），英国法理学家、功利主义哲学家。他是一个极度热爱数学的人，一则关于他的恋爱故事就充分反映了他的这一特征。

————————
① ②　约翰·洛克：《人类理解论》，商务印书馆，1997年。

1805 年，单身生活了 57 年的边沁想要结婚了。为此，他严格按照数学规则挑选自己的结婚对象，最后他认为一位年仅 16 岁且与他从未谋面的女孩是最合适的结婚对象。于是，边沁给这位女孩写了一封求婚信。结果很显然，边沁被拒绝了。

又过了 22 年，边沁想起此事，于是再次认真地拿出自己先前的推演过程仔细加以审核，结论是"无懈可击"的。于是，他再次向这位女孩发出了求婚信。他希望，在这 22 年的时间里，这位女孩能够学习一些数学，这样就能够理解他的推演在逻辑上具有一定的说服力。这位女孩是否学习了数学，我们不得而知，但可以肯定的是，对于婚姻大事，她一定有一套不同于边沁的逻辑，所以她的回答依然是拒绝。

边沁所提出的关于人性的"公理"是趋利避害。然而，在许多情况下，利害本身可能是相辅相成的，如此，到底是应该趋利还是避害就成了一个问题。边沁则运用他的数学优势将利害予以数量化，然后以准确的定量分析给人提供选择的答案。

边沁的做法是定义了 14 种快乐，如感官、财富、技能、权力等，也定义了 12 种痛苦，如仇恨、贫困等，再根据快乐和痛苦持续的时间、强度、纯度等因素，赋予快乐或痛苦一定的数值。比如，张三和李四原本各有 1000 元，后来，张三给了李四 500 元。边沁认为，在这个行为中，快乐的值就低于痛苦的值。他是这样计算的：李四增加了钱，因而增加了快乐，但是他的钱只是增加了1/3，所以他的快乐值就等于1/3；而张三减少了一半的钱，所以他的痛苦值就是1/2。

行为的价值按照如下方法计算：将行为所涉及的人的敏感度之和，乘以该行为所带来的快乐的客观衡量标准，结果取正数；行为引起的痛苦也以同样方法计算，但结果取负数。这一行为的总体价值就是两者之差。通过这样的定量化，边沁不仅能够获知一个行为的价值大小，还能对该行为的两个过程进行比较。

本书不评价这些思想家的具体观点，引用上述材料的目的在于说明，这些在人类历史上占有重要地位的思想家都在致力于采用《几何原本》的模式，先找出关于人性的一些公理，继而推演出人的行为特征，从而实现为这个社会以及政府的行为确定一套符合人性的规则的目的。

第十四章

非欧几何：揭示了人类思维的灯下黑

一直以来，人们都把数学看成一门精准的科学。数学上的定理如同《圣经》中的神谕，是无可辩驳的。在某种意义上，甚至数学家也接受了这一点：数学就是真理。然而，19世纪一系列成功的数学研究，彻底颠覆了人们对于数学的这种误解。事实上，数学定理的正确性只有在该定理适用的特定领域内才有意义。一旦超出这个领域，许多数学定理其实是互相矛盾的。

比如，我们在初中学习平面几何时就知道，三角形的内角和等于180°。但19世纪，数学家终于发现三角形的内角和并不都是等于180°，有的三角形的内角和大于180°，也有的内角和小于180°。促成这种转变的，正是非欧几里得几何（简称"非欧几何"）的诞生。

困扰了两千年的第五公设

数学总体上是一门抽象的学科，但就数学各领域内部而言，其抽象程度也有差异。比如，代数学就比几何学的抽象程度要高。一般说来，人们看着一个正方形就很容易联想起一张桌子，但看见数字4时会联想起什么，结果很难确定。

欧几里得几何的成功更加强化了人们的这种认识。虽然从哲学上说，古希腊人也意识到抽象的或数学的空间不等同于现实的空间，但他们依然认为欧几里得几何是对于现实空间及其性质的正确表述。这一观念延续了两千年，直到18世纪，牛顿的导师、数学家艾萨克·巴罗还坚持认为欧几里得几何具有八个显著的优越性：概念清晰、定义明确、公理直观可靠而且普遍成立、公设清楚可信且易于想象、公理数目少、引出量的方式易于接受、证明顺序自然、避免未知事物。因而，他曾试图把自己的理论，包括微积分都建立在几何学的基础之上。

可喜的是，数学家终究还是理性的。他们对于欧几里得及其几何学并非盲目崇拜。严格地说，自《几何原本》产生不久，数学家都对其中提出的第五公设（又叫平行线公设或平行线公理）产生了疑问。5世纪，数学家普罗克洛斯给欧几里得的《几何原本》作评注，写了一本《几何学发展概要》（常称为《普罗克洛斯概要》），其中对第五公设的评价如下："这个公理完全应该从全部公理中剔除出去，因为它是一个包含许多困难的定理。"

疑问的第一个来源就是欧几里得对第五公设的表述："若一直线与两直线相交，且若同侧所交两内角之和小于两直角，则两直线无限延长后必相交于该侧的一点。"这种表述方法非常别扭，而且远不如其他公理、公设那样一目了然。公理应该是简单明了、不证自明的。

数学家认为，欧几里得之所以采用这样别扭的表述，是因为不想直接说出"两条平行线无论怎么延长都不相交"这样的话，但他终究还是表达了无限直线的思想。然而，这种表述与人们的直接经验不尽相符。

人类的目力所及，大约不会超过几公里的范围，所以对于无限，确实是人类目力所不能及的。凭借日常经验，人们更可能感觉到的是眼前没有相交的两条直线，到一定的远处之后，似乎真的交合了。

无限的认识是一个非常让人为难的问题。从经验来看，人对事物的认识总是受到种种制约，因而不可能认识无限。但从思维的角度看，人们又总是希望认识无限。无论是古希腊的哲学家或数学家，都在试图从无限的角度阐述自己的理论。然而，具体到第五公设上，这样两个问题是数学家所关注的：其一，直线无限延长后是否仍然是直线（这其实已经在质疑欧几里得的第二公设）；其二，两条平行线无限延长后是否一定不相交。

在《几何原本》中，欧几里得是在证明所有不需要第五公设来证明的定理之后，才"不得已"引进第五公设证明定理的。所以许多数学家都致力于对第五公设加以改进。其改进的思路有二：其一，利用其他公设来证明第五公设，从而使第五公设成为一条定理；其二，用一条更简单明了的公设代替第五公设。

关于思路一，更多数学家致力于这项工作，最后结果依然不能让人满意。因为人们发现，这些所谓的证明，或者是隐含地假设了一些不应该假设的东西（也就是说，这些假设依然是需要证明的），或者是暗藏了一个和第五公设一样有问题的公设。

关于思路二，最典型的就是我们今天的几何学教科书上采用的"过直线外一点，有且只有一条直线与已知直线平行"，但这一公设依然不符合数学家对公设的要求。

进入 19 世纪，第五公设依然作为一个几何学的瑕疵困扰着数学家。在这个过程中，比萨大学数学教授萨凯里综合了两条思路，提出了一个新奇的想法：通过逻辑上的反证法来证明第五公设。

　　萨凯里的思路是这样的：假设在同一个平面上有一条直线 L 和直线外的一点 P，通过 P 点作 L 的平行线，那么将会出现以下三种情况。

　　情况一，可以而且只能作一条平行线与 L 平行。

　　情况二，不可以作出直线与 L 平行。

　　情况三，可以作出无数条平行线与 L 平行。

　　如果是情况一，那么就是欧几里得几何的情况。证明了这一假设，相当于证明了第五公设。如果是其他两种情况，那么通过这样的假设再结合其他公理来推导几何学的所有定理，如果能够推导出矛盾的几何学定理，就证明这些假设是错误的，只有情况一是正确的。这就反证了第五公设的正确。

　　事实是，萨凯里根据情况二确实推导出了相互矛盾的定理，但根据情况三，并没有推出相互矛盾的公理。萨凯里已经站在非欧几何的门口。然而，由于对欧几里得几何的崇拜，他对自己的发现视而不见。甚至，他在出版自己的研究成果时，还将这本书起名为《无懈可击的欧几里得》。萨凯里终究未能敲开非欧几何的大门。

全新的几何学出现了

　　萨凯里的研究给后人带来了启迪，再次验证了科学史上屡见不鲜的一个现象：既要站在前人的肩膀之上，但又不能受制于前人。

其中应特别提及的是德国数学家、物理学家高斯。他遵循萨凯里的思路，按照情况三推导出了一系列几何学定理。他认为存在一种与欧几里得几何不同的几何学。遗憾的是，高斯没有发表他的研究成果。上述研究是在他去世以后，人们才从他的遗稿中发现的。

真正享有非欧几何创始人荣誉的是俄罗斯数学家罗巴切夫斯基。他同样是遵循萨凯里和高斯的思路，利用与几何相矛盾的平行线公理推导出了一门全新的几何学。他发表了自己的研究成果，并且指出这种新的几何学与欧几里得几何一样是真实存在的。

新几何学也运用了欧几里得几何的其他公理，但也产生了许多与欧几里得几何完全不一样的结论。比如，在欧几里得几何中，三角形的内角和总是等于180°；在新几何学中，三角形的内角和总是小于180°，而且三角形的面积越大，其内角和越小。又如，欧几里得几何中，相似三角形和全等三角形是两个不同的概念；新几何学中，相似的三角形必定全等。

科学界实在还没有做好接受非欧几何的思想准备，哲学家康德提出的"统治知识世界的只能是欧几里得几何"依然是科学界的主流信条。所以，罗巴切夫斯基的研究成果也没有能够引起普遍关注。

直到罗巴切夫斯基发表自己的成果 30 年后，高斯去世了。人们在高斯的遗稿中发现了几乎同样的研究成果。高斯巨大声望的感召力使得人们不得不注意到这样一项研究。此刻，科学家才回头重新阅读罗巴切夫斯基的论文。于是，非欧几何的概念才终究被人们接受。

罗巴切夫斯基声称新几何学和欧几里得几何一样是"真实存在"的，但它们的提出仍然是一种纯逻辑推演的产物。人们凭借日常生活经验，很容易感受或验证欧几里得几何的"正确性"。然而，新几何学的正确性就不那么显而易见了。

高斯试图以实际测量的方式来验证新几何学。既然按照新几何学，三角形的内角和应该小于 180°，如果实际测量的结果证实了这一点，那么新几何学就被确认了。当然，这个三角形的面积必须足够大。因为按照新几何学，三角形的面积越小，它的内角和越接近 180°。

高斯选择了三座山峰，在每一个山峰上安排一个测量员，由每位测量员测量自己发出的光线到达其他两位测量员所形成的角度。测量结果是这个三角形的内角和的确小于 180°，误差是 2 分。但这一测量缺乏足够的说明力，因为 2 分的误差完全可能是一种测量误差。当然，我们今天更加清楚，这个测量的不可靠还在于它隐含了一个前提：光线一定是直线传播的。实际上，光线在传播过程中可能会发生弯曲。

进一步地，数学家发现，即使选择萨凯里假设中的情况二，依然能够推导出一套几何学。作出这一贡献的是德国数学家黎曼。1851 年，黎曼发表的论文《论几何学作为基础的假设》中明确提出另一种几何学的存在，即今天被称为黎曼几何的新几何学，开创了几何学的一片新的广阔领域。

黎曼的工作其实还对欧几里得几何的另一条公理，即"一条直线可以向两端无限延长"，给予了否定。黎曼对"无界"和"无穷"两个概念进行了区分，从而提出"直线是有限的但是无界的"这个公理。在黎曼几何中没有平行线的概念，也就是说，所有的直线都有交点，一条直线不可能和其他直线平行。在黎曼几何中，任何三角形的内角和都大于 180°。黎曼几何与罗巴切夫斯基几何统称为非欧几何。

非欧几何的难产是一个更困惑的问题

前文比较详细地叙述了非欧几何的出现过程。这个艰难的过程反映出人类思维一个比较普遍的问题，用俗话表示，即"灯下黑"：对于非常熟悉的东西，你反而对其缺乏把握，甚至你根本都没有想过把握。

　　非欧几何的出现让人们意识到自身所处的三维空间有以下三种情形：曲率恒等于零，曲率为负常数，曲率为正常数。相应地，就有了三种形式的几何，分别是欧氏几何、罗氏几何和黎曼几何。

　　我们的困惑点在于，更符合实际，也更切合人们理念的非欧几何为何会难产？欧氏几何已经被明确表达为平面几何，而人们早就知道地球并不是一个平面，而是一个球体，那么为什么人们会坚持认为欧几里得几何才是物理世界的真实表达，却从来没有想过寻找一个适合地球这个"球面"的几何学？哪怕在欧几里得几何面临质疑的两千多年内，人们都没有想到这一点？即使是智慧超卓、为人类哲学和科学作出过巨大贡献，还特别推崇圆形和球体的古希腊人，也没有想到这样一点？

　　原因之一或许在于，直接经验对人的思维的约束力实在不可小觑。虽然几何学也有大量抽象概念，但在众多数学分支中，几何学应该是其中最具体、最形象的一个分支。而且，这门学科在实际生产、生活中也有着大量用途。

　　地球是一个球体，那是针对于整个世界而言的。就每一个人的具体接触和具体感受来说，自己所处的地方更加像一个平面。即使就人们所面临的现实事物和问题而言，绝大多数情况下，把相关环境当作一个平面也足以处理了。所以，平面几何已经能够解决当时人们所面临的所有问题。现实并没有向人们提出"球面几何"的需求。

原因之二，权威，尤其是大师级的权威具有摄人心魄的魅力。

这个结论，在宗教领域是比较容易让人接受的。耶稣、穆罕默德、释迦牟尼，征服了多少人的灵魂？即使在科学界，这个问题同样存在。

本书和其他许多人都把牛顿视为人类历史上成就卓著的科学家，但从方法论的角度看，欧几里得或者说《几何原本》的地位依然是极高的。即使是牛顿的力学体系，同样是依据《几何原本》的演绎推理模式才形成的。

《几何原本》的结构是如此精致巧妙，让几乎见到它的所有有识之士都对其顶礼膜拜。这种"神"一样的存在，使欧几里得几何的真理性和唯一性成了牢固的信条，科学家不敢也从未想过质疑这一点。即使在非欧几何出现之后，很多科学家依然不愿意接受。

在人类历史上，像康德那样擅长思辨的人并不多。然而，康德也是欧几里得几何的崇拜者之一，他同样没能看出欧几里得几何存在的问题。即使那些发现第五公设问题的人，也仅仅是从纯技术的角度将其视为一个瑕疵，而根本没有将其视为一

真实的物理世界，其实接近黎曼几何所描述的那样，是"球面"的

个足以危及该理论存在的明显缺陷。第五公设问题迟迟不能解决，固然使得更多人投入这项研究，但同时也更加强化了欧几里得几何的权威性。

非欧几何的出现，也对人们的观念造成了冲击，首当其冲的就是数学空间和物理空间的一致性。长期以来，特别是物理学和数学结合后产生的巨大成就，导致人们认为数学空间所描述的就是真实的物理空间。但非欧几何告诉我们，欧几里得几何的精美其实只是一种数学描述上的成就。真实的物理世界，其实并非欧几里得几何所描述的那样平坦，而是接近黎曼几何所描述的那样，是"球面"的。

严格地说，对于地球上物体的几何描述而言，黎曼几何应该比欧几里得几何更加符合实际。所以在涉及较大范围的地球表面的航海航空等研究领域，黎曼几何比欧几里得几何更准确。

用一种更一般的语言表述：人们思维的正确性，与真实世界的正确性有可能是两回事。一种学说、一个理论、一种思想，到底是不是正确地描绘了我们所处的这个世界，并不在于这个学说、理论或思想"看起来"多么美妙、正确，而在于它们究竟在多大程度上与真实的世界相吻合。

非欧几何终结了数学无可置疑的真理性。自此，任何所谓的"绝对真理"，无论是神学家提出的、思想家提出的，或者是科学家提出的，都可能引起人们深切的思考。人们或许会接受某些具体的结论，但一定会尝试寻找这个所谓"绝对真理"的毛病，从而终结这个"绝对真理"。对此，我们应该感到欣慰，虽然思想并不是那么可靠，但依然只有思想，一种抛却传统、习惯和直觉约束的思想，才能够让我们更加接近真实，或者说接近真理。

今天，如果我们重新审视《几何原本》，其实还可以发现除了第五公设外，它还存在许多逻辑上的瑕疵。我们指出这一点，并非要贬低欧几里得或者《几何原本》，而是想让读者对于怎样维护数学思维以及人的思维的严谨，有一个基本了解。

比如，欧几里得在证明定理时采用了重合法，他证明全等就是采用这个方法。这种证明法隐含了一个前提，那就是图形在移动过程中，各种性质保持不变。但事实上，这个前提是有疑问的。如果要想一个图形移动位置而各种性质保持不变，必须对物理空间作出种种严格的限定。

一些不自觉的假定成为自己论证的根本，这是人们思维上经常会犯的一个错误。欧几里得或许是因为几何图形看起来"当然是这样"而用上了这样的前提，这对于人们而言应该是一个警醒。

正如 G. 康托尔所说："数学的本质就在于它的充分自由。

1830 年以前，数学家的处境可以比作是一位非常热爱纯艺术，而又不得不接受为杂志绘制封面的艺术家。"从这种限制中解脱后，艺术家就可以发挥他无限的想象力和创造力，创造出众多的作品。非欧几何正是这种解脱的因素。

第十五章
警惕科学的滥用

　　科学给人类生活带来的影响并非都是正面的。人们大多比较了解科学物化后的技术成果带来的伤害或者威胁。纯科学理论同样有可能被误用或滥用，从而给人类带来伤害或潜在的伤害。比如本书介绍的社会达尔文主义，信奉者轻率地将达尔文的进化论移植到社会领域，产生了诸多负面影响。今天，基因理论为人类的生产生活、制药治病带来巨大的改变，但我们仍要特别警惕遗传学理论尤其是基因理论的滥用。

贺建奎工作危害无穷

　　基因，又叫遗传因子，其发现是遗传学的一项巨大成就。它在相当程度上揭示了生命的本质，种族、孕育、生长、死亡、相貌、血型等相关的问题，都可以通过基因理论得到解释。基因技术也在相当大的程度上推进了医学的进步，从而在人生老病死的整个过程中作出最有利于人的干预。

不同的人具有不同的基因。相当多的科学家也会产生所谓"优秀基因"这一思想，他们认为，如果能够找到优秀基因，并将其运用到遗传过程中，就能造出优秀的人才，从而使得人类整体素质得到极大的提升。

英国物理学家霍金在其遗作《对重大问题的简明回答》中，探讨了基因改造技术对人类可能造成的深远影响。他预言：富人有朝一日会改造他们自己和后代的基因，成为"超级人类"凌驾于常人，甚至使后者灭绝。

2018年11月，中国深圳南方科技大学的贺建奎团队，在第二届国际人类基因组编辑峰会召开前一日突然宣布，一对名为"露露"和"娜娜"的基因编辑婴儿已经于11月在中国健康诞生，此举在世界范围内引起轰动。轰动的原因并非贺建奎的行为取得一项多么重大的科学技术成就，因为基因编辑技术在遗传学界已是一项相当成熟的技术。人们惊愕的是，贺建奎居然真的把基因编辑技术用在改造人类的基因上。

按照贺建奎的说法，他招募了八对志愿者夫妇（艾滋病病毒抗体男方呈阳性、女方呈阴性）参与实验。团队在人类胚胎上进行基因编辑并植入母体，最终有两名志愿者怀孕，其中一名已生下双胞胎女婴"露露"和"娜娜",另一名仍在怀孕中。其余六对志愿者中,有一对中途退出实验,另外五对均未受孕。通过基因编辑的方式生下的孩子,将终身不会感染艾滋病病毒。

这听起来确实是一件很美好的事情,然而历史告诉我们,离开了人性、人道和科学,所谓的美好愿望,最终将带给人类最惨烈的危害。

可悲的是,贺建奎的行为在人性、人道和科学方面都存在严重的问题。当然,他的做法在法律程序方面也存在问题。所以,南方科技大学根据广东省"基因编辑婴儿事件"调查组调查结果,决定解除与贺建奎的劳动合同关系,终止其在校内的一切教学科研活动。

为有助读者理解所谓"优秀基因"思想和基因编辑技术干预孕育所存在的潜在风险,笔者将用一个理想实验来说明。所谓理想实验,就是现实中不可能进行而只能在思想领域进行的一种假想的实验。如果这一实验思维严谨,则更有可能揭示出问题的本质。

假设有一个狂人,比如阿道夫·希特勒,如果当时德意志第三帝国的科学家已经熟练掌握基因理论和基因编辑婴儿的技术,那么希特勒一定会向他的科学家下达实施一项技术的指令,且这一指令一定能够得到有效的实施。指令要求科学家通过基因理论和基因技术，对第三帝国的国民进行如下"改进"：

凡是智商（今天看来，或许还要加上情商）低于多少的人一定要胎死腹中，不能出生。

凡是身体残疾到某种程度的人，一定要胎死腹中，不能出生；如果出生以后出现残疾，则会自然死亡。

凡是相貌丑陋到某种程度的人一定要胎死腹中，不会出生。

凡是患了某些疾病的人就会自然死亡。

凡是智力或体力下降到一定程度者将自然死亡。

凡是年龄到达一定程度者将自然死亡。

经过这样的"改进"，第三帝国的国民成为一个智力发达且永远充满朝气的人群，因而能够最有效地为希特勒元首及其第三帝国征服世界的伟业服务。看到此处，读者可以停下来思考：你愿意生活在这样一个国度吗？你会认同这样一种生活方式吗？

反正笔者是旗帜鲜明地坚决反对，反对的主要理由如下。

第一，世界（国家）是所有人的世界（国家），而不仅仅是所谓"优秀者"的世界（国家），所以任何人不能剥夺不那么"优秀"的人在这个世界（国家）生存和生活的权利。这是最基本的人道主义原则。

何况什么叫"优秀"？由谁依据什么标准来定义这个"优秀"，

都不是一个容易回答的问题。

第二，人应向善而生。人心柔软，看见积贫积弱之人都会产生一种悲悯之心，伸出一双援助之手，这是人性中最光辉闪亮的一部分。上述那种造就"优秀"人种的做法，显然是违背人性的。这种做法是在激励和煽动人性的冷漠、残暴。

第三，科学史告诉我们，任何科学都是阶段性的产物，即使如欧几里得几何和牛顿力学体系那样影响深远，科学家后来也发现它们其实是有局限性的。既然如此，我们完全没有理由认为目前的基因理论或基因技术就是十全十美的，而且这是涉及生命的非常严峻的问题，绝不能掉以轻心。

以贺建奎"基因编辑婴儿事件"为例，目前的科学尚未能说明基因编辑的婴儿在生长发育过程中是否会产生变异以及可能产生什么样的变异。所以，对于这个世界上仅存的基因编辑婴儿，我们必须予以最大限度的关注。

更繁杂的还在于，"露露"和"娜娜"的遗传是否可能发生问题？贺建奎团队所施行的基因编辑技术是否会对她们将来的生育问题产生负面影响？这都是要慎重考虑的问题。隔代遗传并非个案。所以，我们对于"露露"和"娜娜"的关注至少要延续到她们的孙辈。这无疑是非常大的工程，也会消耗巨大的成本，而且结果依然充满不确定性。可见，基因理论和基因技术如果被滥用，将长远地影响人类生命的延续。

对科学必须保持两方面的警惕

一般来说，如果一个科学理论被错误地使用甚至使用在错误的地方，都有可能给人类带来危害。所以，对于科学，我们必须保持应有的警惕，并采取措施有效预防和阻止对于科学的滥用。这些措施至少包含两个方面。

第一，科学伦理。

科学家也是人，必须要恪守作为人的基本道德要求和价值规范。其中首要一点是对人的尊重，任何侵犯人的生命和尊严的科研活动都是不正当的。

然而，空泛地确定这样的"准则"是很容易的。如何在具体的科研活动中确定哪些行为是侵犯人的生命和尊严的行为，则要复杂得多。比如，以前认为侵害人的尸体是对人的不尊重，所以解剖尸体这一行为是不被允许的。但科学家为了了解人体构造，以便对人的疾病有更全面、更准确的了解，又必须进行人体解剖工作。当然，科学家最终还是冲破了这个禁区。

可以设想，如果没有人体解剖的科学，人类对于人的身体构造一无所知，不知会有多少患者因得不到有效救治而死亡。因此，科学伦理问题是一个不断进化、不断认识的问题。

　　总体说来,如何确定科学伦理,以下因素是必须予以考虑的。

　　其一,目的性。科研活动的目的一定是为了更准确地认识自然或者更有利于人类生命延续,而不能是为了其他,尤其不能为了某种政治目的。科学不应成为政治的工具。

　　其二,公开性。出于对知识产权或者商业秘密的考虑,有些科研活动需要秘密进行。但这种秘密进行的科研活动只能是技术层面的,如果涉及理论性、方向性的科研,尤其是与人自身有着重大相关性的科研,一定要公之于众,以便业界对其利害进行充分的讨论和评估。

　　其三,必要性。凡是涉及有可能违背现实伦理的科研活动,除非有充分理由阐明其进行的必要性,否则,不妨等到人们的认识或观念有相应的改变时再说,或者等问题发展到迫在眉睫时再说。

　　第二,法律制约。

　　如果说科学伦理主要是科研工作者内部的职业约束,法律则是对科研行为外部而言的强制性约束。任何科研行为不得违背现行法律的约束。即使是出于某种理由而必须进行的科研活动,如果碰触法律底线,也应该先启动相关修法程序,法律许可后方可进行。

　　法律不仅要约束实体,也要约束程序。如果规定需要报批、报审、报备的科研活动，一定要督促其按相应程序报告；如果规定要公示、公告，那就必须如实进行。法律的权威性在于对处罚绝不放过。所以，千万不要听信一些伪科学家的忽悠，一旦发现任何违背法律的行为，只要证据确凿，就必须予以处罚。

对待科学，我们还要有一种科学的态度。

一方面，不要迷信科学。不要认为凡是科学家所说所做的都是好的或正确的，或都是对人类有益的。在这方面，宁可对科学抱持一种工具主义的态度。科学究竟能给人类带来什么，关键还在于是什么人、以何种态度、采用哪种方式来使用科学这个工具。

另一方面，鉴于科学所享有的地位，越来越多东西热衷于贴上"科学"的标签。对此，我们同样要保持高度的警惕。因为，有很多"科学"是伪科学。对于任何标榜的"科学"，一定要按照科学的本来要义加以审视。发现不符合这些要义的，就要毫不留情地剥下它们"科学"的外衣，阻止它们去侵害人的心灵、掠夺人的财富。

我们推崇人类的理性，也对人的理性给予最大的赞美。但人性并不只有理性，科学也不是人类活动的全部。鉴于科学已经展现和还将继续展现的巨大威力，我们一定要把科学研究活动严格约束在有利于人类发展的这个框架内。

后　记

　　科学与生活的关系实在紧密，要想在本书里找到相对清楚的关系，也只能是选择某一个点。笔者选取了科学理论对于人们的观念和思维方式的影响这样一个角度展开论述。尽管如此，笔者心中仍然感到忐忑。因为最大的困难在于，发展至今天，科学深入人心，人们已经很少思考这个问题——某种思维或行为是不是受到了某种科学理论的影响。

　　本书所选取的几个方面，基本都是重要的科学发现对人的基本思维方式的改变，或者直接揭示出人的思维方式的缺陷。虽然在结构上很难说构成了一个严谨的体系，但在内容的广度和思想深度方面，还是努力作出了相当探索。

　　笔者特别希望通过本书表达这样一个观点——科学思维比科学知识重要。科学不仅仅是一种对于人类有用的工具，更重要的是，科学是一种思维方式。从这个意义上说，任何人如果想在现代社会正常生活，必须具有以科学的方式思考问题的基本素养。

　　在学校或其他地方学习科学时，你的关注点一定不要放在具体的科学知识上。科学知识很有用，但具体的科学知识真的很局限、狭隘。仔细回忆一下，在大学期间学习的那些科学知识，有多少在你步入社会后还时不时被用上了呢？

　　对具体的科学知识，完全可以抱持一种实用主义的态度：需要时再去学习，这就足以应对了。对于爱因斯坦来说，能在百科全书上查到的数据，他就不会费力去记。用今天的话来表达，即凡是能通过百度搜索到的东西，就不需要费力去记住。

　　科学学习，重要的在于学习科学的道理，明白科学是怎样发现和解决问题的，并有意识地训练自己养成以科学的方式发现和解决问题的习惯。记住，你懂得什么不重要，重要的是你清楚自己不懂得什么，然后找到解决这个问题的途径。

　　本书承蒙中山市社会科学界联合会主席胡波先生在选题和结构方面给予指导意见，在此深表谢意！广东人民出版社中山出版有限公司总编辑李锐锋先生和责任编辑冼惠仪小姐对本书做了深度的编辑加工，在此致以由衷感谢。

　　对于本书出现的任何难尽人意之处，当由作者承担全部责任。望读者不吝给出批评性、建设性的意见。

徐　凡

2019 年 10 月